Čo je hriech,
spravodlivosť
a súd

„No keď príde, ukáže svetu, čo je hriech, čo spravodlivosť a súd."

(Jn 16, 8)

Séria Svätosť a moc (Úvod 1)

Čo je hriech, spravodlivosť a súd

Oživujúce posolstvá zo špeciálneho dvojtýždňového duchovného stretnutia - 1

Dr. Jaerock Lee

Čo je hriech, spravodlivosť a súd by Dr. Jaerock Lee
Vydavateľstvo Urim Books (Prezident: Johnny. H. Kim)
73, Yeouidaebang-ro 22-gil, Dongjak-gu, Seoul, Korea
www.urimbooks.com

Všetky práva vyhradené. Táto kniha alebo jej časti nesmú byť reprodukované v žiadnej podobe, uložené vo vyhľadávacom systéme alebo prenášané v akejkoľvek forme alebo akýmikoľvek prostriedkami, elektronicky, mechanicky, fotokópiami, záznamom alebo inak bez predchádzajúceho písomného súhlasu vydavateľa.

Ak nie je uvedené inak, všetky citácie Svätého Písma sú prevzaté z Biblie, NEW AMERICAN STANDARD BIBLE, ®, Copyright © 1960, 1962, 1963, 1968, 1971, 1972, 1973, 1975, 1977, 1995 by The Lockman Foundation. Použité so súhlasom.

Copyright © 2016 by Dr. Jaerock Lee
ISBN: 979-11-263-1176-7 03230
Translation Copyright © 2013 by Dr. Esther K. Chung. Used by permission.

Prvé vydanie v decembri 2023

V kórejskom jazyku vydané v roku 2011 vydavateľstvom Urim Books

Editoval Dr. Geumsun Vin
Navrhol Design Team of Urim Books

Pre viac informácií kontaktujte urimbook@hotmail.com

Predslov o vydaní

Modlím sa, aby sa čitatelia stali spravodlivými ľuďmi, ktorí získajú veľkú Božiu lásku a jeho požehnania...

Keď bol veľký reformátor Martin Luther mladý, zažil traumatickú udalosť. Keď jedného dňa stál s priateľom pod stromom, aby sa vyhli dažďu, jeho priateľa zasiahol blesk a zomrel. Kvôli tejto udalosti sa Luther stal mníchom a bál sa Boha, ktorý súdi a odsudzuje hriech. Aj keď v spovednici strávil veľa času, nedokázal nájsť riešenie problému hriechu. Bez ohľadu na to, ako veľmi študoval Bibliu, nedokázal nájsť odpoveď na otázku: „Ako môže nespravodlivý človek potešiť spravodlivého Boha?"

Potom jedného dňa, pri čítaní jedného z Pavlových listov, konečne našiel pokoj, ktorý tak veľmi hľadal. V Rim 1, 17 je napísané: „Pretože v ňom sa zjavuje Božia spravodlivosť z viery pre vieru, ako je napísané: „Spravodlivý z viery bude žiť.""" Luther pochopil „Božiu spravodlivosť". Aj keď až do tohto bodu vedel iba o spravodlivosti Boha, ktorý súdi všetkých ľudí, teraz si uvedomil Božiu spravodlivosť, ktorá slobodne dáva odpustenie hriechu všetkým ľuďom, ktorí veria v Ježiša Krista, a dokonca ich nazýva „spravodlivými". Keď si to Luther uvedomil, začal žiť s neúprosnou vášňou po pravde.

Týmto spôsobom Boh nielen slobodne uznáva tých, ktorí veria v Ježiša Krista za „spravodlivých"; ale im aj dáva Ducha Svätého ako dar, aby spoznali hriech, spravodlivosť a súd, a tak mohli dobrovoľne poslúchať Boha a plniť jeho vôľu. Preto by sme sa nemali zastaviť len prijatím Ježiša Krista a byť nazvaní spravodlivými. Je veľmi dôležité, aby sme sa stali skutočne spravodlivým človekom tým, že za pomoci Ducha Svätého z nášho vnútra odhodíme hriech a zlo.

Posledných 12 rokov naša cirkev organizovala na žiadosť Boha každoročné dvojtýždňové špeciálne duchovné stretnutie, aby všetci členovia cirkvi mohli skrze vieru získať požehnanie stať sa spravodlivými ľudmi. Viedol nás až k bodu, kde sme mohli dostať odpovede na všetky druhy modlitieb, ktoré sme k nemu pozdvihli. Taktiež nás viedol k pochopeniu rôznych rozmerov ducha, dobroty, svetla a lásky, aby sme do našich životov mohli získať Božiu moc. A každoročne v našej snahe vo viere dosiahnuť svätosť a moc Boh požehnal mnoho ľudí rôznych národov, aby zažili Božiu moc, ktorá je zaznamenaná v Biblii a presahuje čas a priestor.

Vydali sme sériu oživujúcich posolstiev duchovnej obnovy pod názvom „Svätosť a moc", ktorá obsahuje posolstvo hlbokej Božej prozreteľnosti, aby sa o tom mohli čitatelia systematicky dozvedieť. Oživujúce posolstvá z prvých troch rokov slúžia ako „úvod". Vysvetľujú, ako sa dostať na cestu pravej spravodlivosti zničením múru hriechu medzi nami a Bohom. Posolstvá z nasledujúcich štyroch rokov učia o snahe dosiahnuť svätosť a moc, a slúžia ako „hlavné posolstvo". Napokon, posolstvá z posledných piatich rokov sa týkajú toho, ako zažiť Božiu moc zachovávaním Slova. Predstavujú „praktickú aplikáciu" tohto vydania.

Dnes je veľa ľudí, ktorí žijú ich životy, nevediac, čo je hriech, čo je spravodlivosť, a čo súd. Aj tí, ktorí chodia do kostola, nemajú istotu spásy a žijú sekulárne životy - rovnako ako všetci ostatní ľudia na tomto svete. Navyše, nevedú kresťanské životy, ktoré sú spravodlivé podľa Boha, ale spravodlivé podľa toho, čo si sami myslia, že je spravodlivé. Toto dielo Čo je hriech, spravodlivosť a súd je prvou knihou série Svätosť a moc, ktorá sa zaoberá tým, ako môžeme viesť úspešný kresťanský život získaním odpustenia našich hriechov a dosiahnutím Božej spravodlivosti v našich životoch.

V prvý deň nášho prvého duchovného stretnutia v roku 1993 Boh potvrdil toto učenie jeho mocou, keď prisľúbil požehnanie počatia dieťaťa desiatkam párov, ktoré už boli manželmi 5-6 rokov, a niektorí dokonca až 10 rokov. Pred skončením duchovného stretnutia takmer všetky tieto páry počali a založili si rodiny.

Rád by som sa poďakoval Geumsunovi Vinovi, riaditeľovi redakčného úradu, a jeho zamestnancom za ich tvrdú prácu na vydaní tejto knihy a v mene Pána sa modlím, aby mnohí ľudia, ktorí čítajú túto knihu, dokázali vyriešiť ich problém hriechu, a tým získali odpovede na všetky modlitby!

Marec 2009
Jaerock Lee

Úvod

Táto kniha s názvom Čo je hriech, spravodlivosť a súd sa skladá z piatich kapitol venovaných každej z tém hriechu, spravodlivosti a súdu. Táto kniha podrobne vysvetľuje, ako možno nájsť riešenie na problém hriechu, ako môže človek žiť život požehnania tým, že sa stane spravodlivým človekom, a ako sa človek môže vyhnúť nadchádzajúcemu súdu a radovať sa z večného požehnania.

Prvá kapitola o hriechu má názov „Spása". Vysvetľuje, prečo človek potrebuje byť spasený a skutočný význam a spôsob získania spásy. Kapitola, ktorá po nej nasleduje, „Otec, Syn a Duch Svätý", vedie čitateľa k tomu, aby správne pochopil, ako spolupracujú Božia moc a autorita, meno Ježiša Krista a vedenie Ducha Svätého ako trojjediný Boh, aby tak človek mohol získať jednoznačné riešenie problému hriechu a kráčať správnou cestou k spáse.

Kapitola s názvom „Skutky tela" analyzuje a vysvetľuje hriech, ktorý stojí medzi človekom a Bohom. Ďalšia kapitola, nazvaná „Prinášajte ovocie primerané pokániu", vysvetľuje význam prinášania ovocia primeraného pokániu na dosiahnutie úplnej spásy skrze Ježiša Krista.

Posledná kapitola o hriechu, s názvom „Sprotivte si zlo; pridŕžajte sa dobra", učí čitateľa, aby odvrhol zlo, ktoré sa nepáči Bohu a konal v dobrote podľa Slova pravdy.

Prvá kapitola, ktorá sa zaoberá spravodlivosťou, „Spravodlivosť, ktorá vedie k životu", objasňuje, ako my – celé ľudstvo - získavame večný život skrze spravodlivý skutok Ježiša Krista. Kapitola nazvaná „Spravodlivý z viery bude žiť" vysvetľuje dôležitosť uvedomenia si, že spásu môžeme získať len prostredníctvom viery; a preto musíme mať pravú vieru.

Kapitola 8, „Na poslušnosť Kristovi", vysvetľuje, že človek musí zničiť telesné myšlienky a teórie a iba poslúchať Krista, aby mohol mať pravú vieru a viesť prospešný život plný požehnaní a odpovedí na modlitby. Kapitola 9, „Koho Pán odporúča", sa bližšie pozerá na životy niekoľkých patriarchov viery, pričom učí čitateľa, ako musí človek konať, aby sa stal človekom, ktorého Boh odporúča. Posledná kapitola o spravodlivosti sa nazýva „Požehnanie". Je to pozorovanie života a viery Abraháma - otca viery a semena požehnaní – spolu s niekoľkými praktickými spôsobmi, vďaka ktorým sa môže veriaci tešiť zo života plného požehnaní.

Prvá kapitola o súde s názvom „Hriech neuposlúchnutia Boha" sa ponára do následkov, ktoré nasledujú, keď človek spácha hriech kráčania proti Bohu. Ďalšia kapitola, „Človeka vyhubím z povrchu zeme", opisuje Boží súd, ktorý nasleduje, keď zloba človeka dosiahne jej hranice.

Kapitola s názvom „Nestojte proti jeho vôli" hovorí čitateľom, že Boží súd prichádza, keď človek ide proti Božej vôli; a tak by sme si mali uvedomiť, akým veľkým požehnaním je poslúchať Božiu vôľu a stať sa poslušnými Bohu. V kapitole nazvanej „Takto vraví Pán zástupov" autor podrobne vysvetľuje, ako možno získať uzdravenie a odpovede na modlitby. Zároveň vysvetľuje dôležitosť toho, aby sme sa stali spravodlivým človekom, ktorý sa bojí Boha.

A posledná kapitola, „Čo je hriech, spravodlivosť a súd", odomyká spôsob riešenia problému hriechu; premeny na spravodlivého človeka; stretnutia so živým Bohom; spôsob, ako sa vyhnúť poslednému súdu, ktorý má prísť; a dosiahnutia života večných požehnaní.

Táto kniha vysvetľuje konkrétne spôsoby, akými môžeme my, ktorí sme prijali Ježiša Krista a dostali dar Ducha Svätého, získať spásu a večný život, odpovede na modlitby a požehnanie. V mene Pána sa modlím, aby sa vďaka tejto knihe mnohí ľudia stali spravodlivými mužmi a ženami, ktorí sú pre Boha potešením!

Marec, 2009
Geumsun Vin
Riaditeľ vydavateľstva

Obsah

Predslov o vydaní
Úvod

1. Časť Čo je hriech...

Kapitola 1 Spása · 3

Boh Stvoriteľ a človek
Múr hriechu medzi Bohom a človekom
Skutočný význam spásy
Spôsob spásy
Prozreteľnosť spásy skrze Ježiša Krista

Kapitola 2 Otec, Syn a Duch Svätý · 13

Kto je Boh Otec?
Boh Otec – zvrchovaný vodca ľudskej kultivácie
Kto je Syn Ježiš Kristus?
Spasiteľ Ježiš Kristus
Kto je Tešiteľ Duch Svätý?
Poslanie Tešiteľa Ducha Svätého
Božia Trojica napĺňa prozreteľnosť spásy

Kapitola 3 Skutky tela · 27

Telesné veci a skutky tela
Skutky tela, ktoré zabraňujú tomu, aby človek zdedil Božie kráľovstvo
Zrejmé skutky tela

Kapitola 4 „Prinášajte ovocie primerané pokániu" · 47

Vreteničie plemeno
Prinášať ovocie primerané pokániu
Nepredpokladajte, že Abrahám je váš otec
„Každý strom, ktorý neprináša dobré ovocie, bude vyťatý a hodený do ohňa"
Ovocie primerané pokániu
Ľudia, ktorí prinášali ovocie primerané pokániu

Kapitola 5 „Sprotivte si zlo, pridŕžajte sa dobra" · 63

Ako sa zlo zobrazuje v hriechu
Odhodiť zlo a stať sa človekom dobroty
Zlé a cudzoložné pokolenie, ktoré túži po znamení
Podoby zla, ktorým by sme sa mali vyhýbať

Slovník 1

2. Časť Čo je spravodlivosť...

Kapitola 6 Spravodlivosť, ktorá vedie k životu · 83

Spravodlivosť v Božích očiach
Jeden skutok spravodlivosti, ktorý zachraňuje celé ľudstvo
Začiatok spravodlivosti je viera v Boha
Spravodlivosť Ježiša Krista, ktorú musíme napodobňovať
Spôsob, ako sa stať spravodlivým človekom
Požehnanie pre spravodlivých

Kapitola 7 Spravodlivý z viery bude žiť · 97

Stať sa skutočne spravodlivým človekom
Prečo sa musíme stať spravodlivými?
Spravodlivý z viery bude žiť
Ako mať duchovnú vieru
Spôsoby, ako žiť vo viere

Kapitola 8 Na poslušnosť Kristovi · 109

Telesné myšlienky, ktoré sú nepriateľstvom voči Bohu
„Vlastná spravodlivosť" - jedna z hlavných telesných myšlienok
Apoštol Pavol zničil jeho telesné myšlienky
Spravodlivosť, ktorá pochádza od Boha
Saul neuposlúchol Boha v dôsledku telesných myšlienok
Spôsob, ako skrze vieru dosiahnuť Božiu spravodlivosť

Kapitola 9 Koho Pán odporúča · 123

Koho Pán odporúča
Byť Bohom osvedčený
Vášne a túžby pribite na kríž
Patriarchovia, ktorí boli v Božích očiach spravodliví

Kapitola 10 Požehnanie · 137

Abrahám, Otec viery
Boh považuje vieru za spravodlivosť a dáva jeho požehnania
Boh vytvára kvalitné nádoby prostredníctvom skúšok
Boh pripravuje východisko, dokonca aj počas skúšok
Boh požehnáva aj počas skúšok
Abrahámov charakter nádoby

Slovník 2, 3

3. Časť Čo je súd...

Kapitola 11 Hriech neuposlúchnutia Boha · 155

Adam, človek stvorený na Boží obraz
Adam jedol zakázané ovocie
Výsledok Adamovho hriechu neuposlúchnutia Boha
Dôvod, prečo Boh dal strom poznania dobra a zla
Spôsob, ako sa zbaviť prekliatia spôsobeného hriechom
Výsledok Saulovho hriechu neuposlúchnutia Boha
Výsledok Kainovho hriechu neuposlúchnutia Boha

Kapitola 12 „Človeka vyhubím z povrchu zeme" · 167

Rozdiel medzi zlým človekom a dobrým človekom
Prečo prichádza Boží súd
* Lebo ľudská zloba na zemi bola veľká
* Lebo zmýšľanie ľudského srdca je naklonené k zlu
* Lebo každý úmysel ľudského srdca je zlý
Ako sa vyhnúť Božiemu súdu

Kapitola 13 Nestojte proti jeho vôli · 179

Súd prichádza, keď stojíme proti Božej vôli
Ľudia, ktorí sa postavili proti Božej vôli

Kapitola 14 „Takto vraví Pán zástupcov…" · 193

Boh odmieta pyšných
Pýcha kráľa Ezechiáša
Pýcha veriacich
Pýcha falošných prorokov
Trest pre ľudí, ktorí konajú v pýche a zlobe
Požehnanie spravodlivých, ktorí sa boja Boha

Kapitola 15 O hriechu, spravodlivosti a súde · 203

Čo je hriech
Prečo Boh súdi hriech
Čo je spravodlivosť
Prečo Boh súdi spravodlivosť
Čo je súd
Duch Svätý ukazuje svetu
Odhoďte svoj hriech a žite život spravodlivosti

Slovník 4

Čo je hriech

„Hriech je v tom, že neveria vo mňa"
(Jn 16, 9)

"Či neprijmem aj teba, ak budeš robiť dobre? No ak nerobíš dobre, pri dverách číha na teba hriech a jeho žiadostivosť, ale ty ju máš ovládať." (Gn 4, 7)

"Len uznaj svoju vinu, že si sa spreneverila Pánovi, svojmu Bohu, že si blúdila na svojich cestách za cudzími bohmi, pod každý zelený strom, na môj hlas si však nedbala — znie výrok Pána." (Jer 3, 13)

"Amen, hovorím vám: Všetky hriechy a rúhania, ktorých sa ľudia dopustia, im budú odpustené. Kto by sa však rúhal Duchu Svätému, tomu nebude odpustené naveky, ale je vinný večným hriechom." (Mk 3, 28 – 29)

"Aby ste však vedeli, že Syn človeka má na zemi moc odpúšťať hriechy — povedal ochrnutému: „Hovorím ti, vstaň, vezmi si lôžko a choď domov!"" (Lk 5, 24)

"Potom Ježiš našiel tohto človeka v chráme a povedal mu: „Pozri, ozdravel si! Už nehreš, aby sa ti nestalo niečo horšie!"" (Jn 5, 14)

"Či neviete, že ak sa niekomu oddávate za poslušných otrokov, ste otrokmi toho, koho poslúchate — buď otrokmi hriechu, ktorý vedie k smrti, alebo otrokmi poslušnosti, ktorá vedie k spravodlivosti?" (Rim 6, 16)

"Deti moje, toto vám píšem, aby ste nehrešili. Ale ak niekto zhreší, máme u Otca obhajcu — Ježiša Krista, spravodlivého. On je obetou zmierenia za naše hriechy, no nielen za naše, ale aj za hriechy celého sveta." (Jn 2, 1 – 2)

Kapitola 1

Spása

*„A v nikom inom niet spásy, lebo
pod nebom niet iného mena, daného
ľuďom, v ktorom
by sme mali byť spasení."*
(Sk 4, 12)

V závislosti od náboženstva a kultúry ľudia na tomto svete uctievajú všetky druhy rôznych modiel; existuje dokonca aj modla nazvaná „boh, ktorého nepoznáme" (Sk 17, 23). Dnes priťahuje veľkú pozornosť náboženstvo nazývané „Nové náboženstvo", náboženstvo vytvorené ako zmes doktrín mnohých náboženstiev, a mnohí ľudia prijali „náboženský pluralizmus", ktorý je založený na filozofii, že spása je možná v každom náboženstve. Biblia však hovorí, že Boh Stvoriteľ je jediným pravým Bohom, a že Ježiš Kristus je jediným Spasiteľom (Dt 4, 39, Jn 14, 6; Sk 4, 12).

Boh Stvoriteľ a človek

Boh určite existuje. Rovnako ako existujeme my, pretože naši rodičia nám dali život, ľudstvo existuje na tomto svete, pretože nás stvoril Boh.

Keď sa pozrieme na malé náramkové hodinky, vidíme, že drobné časti hodiniek komplikovane pracujú spoločne na tom, aby ukázali čas. Ale nikto sa nebude pozerať na hodinky a nepomyslí si, že vznikli len náhodou. Dokonca, aj malé hodinky môžu existovať na tomto svete preto, lebo ich niekto navrhol a vyrobil. A čo vesmír? Neporovnateľný s malými hodinkami, vesmír je taký zložitý a rozsiahly, že ľudská myseľ si nedokáže predstaviť všetky jeho tajomstvá, alebo dokonca pochopiť jeho rozsah. Skutočnosť, že slnečná sústava, ktorá je len jednou malou časťou vesmíru, funguje úplne presne bez jedinej chybičky, robí veľmi ťažkým neveriť v stvorenie sveta Bohom.

Ľudské telo je rovnaké. Všetky orgány, bunky a mnohé ďalšie časti sú usporiadané tak dokonale a spoločne fungujú tak zložito, že ich usporiadanie a funkcie sú skutočným zázrakom. Avšak, všetko, čo človek o ľudskom tele objavil, je len zlomok toho, čo je možné odhaliť. Ako teda môžeme povedať niečo ako to, že ľudská anatómia vznikla len náhodou?

Pozrime sa na jednoduchý príklad, ktorý si dokáže každý človek ľahko predstaviť. Na tvári človeka sú dve oči, jeden nos, dve nosné dierky, jedny ústa a dve uši. Ich usporiadanie je také, že oči sú hore, nos je v strede, ústa sú pod nosom a uši sú umiestnené na oboch stranách hlavy. Je to rovnaké, či už sme čierni, bieli alebo Aziati. A neplatí to len pre ľudí. Je to rovnaké aj so zvieratami, ako sú levy, tigre, slony, psy, vtáky ako orly a holubice, a dokonca aj pre ryby.

Ak by bola darwinovská evolúcia pravdivá, zvieratá, vtáky a ľudské bytosti by museli vzniknúť vlastným spôsobom podľa prostredia, v ktorom žijú. Ale prečo sú vzhľad a usporiadanie častí tváre natoľko podobné? Toto je prehnaný dôkaz toho, že jeden Boh Stvoriteľ navrhol a stvoril nás všetkých. Skutočnosť, že sme boli všetci stvorení na rovnaký obraz, nám ukazuje, že Stvoriteľ nie je niekoľko bytostí, ale jedna bytosť.

Kedysi som bol ateista. Počul som ľudí, aby hovorili, že ak pôjdete do kostola, môžete získať spásu. Avšak, ja som nevedel ani to, čo je spása, ani ako ju získať. Jedného dňa mi v dôsledku nadmernej konzumácie alkoholu prestal fungovať žalúdok, a nakoniec som musel stráviť ďalších sedem rokov pripútaný na lôžko. Moja mama každú noc vyliala vodu do misy, pozrela sa na súhvezdie Veľkej medvedice, šúchala si ruky a modlila sa za moje uzdravenie. Dokonca dávala veľké sumy peňazí budhistickému chrámu, ale moj stav sa len zhoršoval. Z tejto zúfalej situácie som nebol zachránený ani Veľkou medvedicou, ani Budhom. Zachránil ma Boh. V okamihu, keď moja matka počula, že som bol uzdravený, keď som išiel do kostola, odhodila všetky jej modly a išla do kostola. Bolo to preto, lebo si uvedomila, že iba Boh je jediný pravý Boh.

Múr hriechu medzi Bohom a človekom

Prečo tak veľa ľudí, aj napriek tomu, že existujú také jasné dôkazy o tom, že Boh Stvoriteľ, ktorý stvoril nebesia a zem, existuje, v neho neverí alebo ho nestretne? Je to v dôsledku múru, ktorý zabraňuje vzťahu medzi Bohom a človekom. Pretože Boh Stvoriteľ je spravodlivý a nemá vôbec žiadny hriech, ak máme v sebe hriech, nemôžeme s ním komunikovať.

Občas stretneme ľudí, ktorí si myslia: „Nemám žiadny hriech." Ako nemôžeme vidieť škvrnu na našom tričku, ak sme v tmavej miestnosti, ak sme uprostred tmy, ktorou je nepravda, nemôžeme vidieť naše hriechy. A tak, ak povieme, že veríme v Boha, a napriek tomu sú naše duchovné oči ešte stále zatvorené, nemôžeme vidieť naše hriechy. Iba bezvýznamne chodíme do kostola. A výsledok? Chodíme do kostola 10 rokov, alebo dokonca 20 rokov bez toho, aby sme sa stretli s Bohom a získali odpoveď na akúkoľvek našu modlitbu.

Boh lásky sa chce s nami stretnúť, rozprávať sa s nami a odpovedať na naše modlitby. Preto Boh horlivo každého z nás prosí: „Prosím ťa, znič múr hriechu medzi tebou a mnou, aby sme sa mohli slobodne rozprávať o láske. Priprav mi cestu, aby som mohol vziať bolesť a utrpenie, ktoré práve teraz prežívaš."

Povedzme, že malé dieťa sa pokúša prevliecť kúsok nite okom ihly. Pre malé dieťa je to ťažké. Ale je to pomerne ľahká úloha pre rodiča dieťaťa. No bez ohľadu na to, ako veľmi rodič chce pomôcť dieťaťu, ak medzi nimi stojí vysoký múr, rodič nemôže dieťaťu pomôcť. Podobne, ak medzi nami a Bohom stojí vysoký múr, nemôžeme dostať žiadne odpovede na naše modlitby. Preto v prvom rade musíme vyriešiť tento problém hriechu, a potom musíme získať úplné riešenie najdôležitejšieho problému spásy.

Skutočný význam spásy

V našej spoločnosti sa slovo „spása" používa mnohými rôznymi spôsobmi. Keď zachraňujeme topiaceho sa človeka, pomáhame niekomu zotaviť sa z obchodného neúspechu alebo pomáhame niekomu v rodinnej kríze, niekedy hovoríme, že sme ich „zachránili".

Čo teda nazýva Biblia „spasením"? Podľa Biblie je to vykúpenie ľudstva z hriechu. Konkrétne to znamená priviesť ich na miesto, kde ich Boh chce mať, aby mohli získať riešenie problému hriechu a tešiť sa z večnej radosti v nebi. A teda, jednoduchým duchovným významom je to, že dverami k spáse je Ježiš Kristus a domom spásy je nebo, teda Božie kráľovstvo.

V Jn 14, 6 Ježiš povedal: „Ja som cesta, pravda i život. Nik neprichádza k Otcovi, ak len nie skrze mňa." Preto spása znamená ísť do neba skrze Ježiša Krista.

Mnohí ľudia ohlasujú a zdôrazňujú dôležitosť získania spásy. Prečo teda potrebujeme spásu? Je to preto, že naši duchovia sú nesmrteľní. Keď ľudia zomrú, ich duša a duch sa oddelia od ich tela a tí, ktorí získali spásu, idú do neba a tí, ktorí nezískali spásu, idú do pekla. Nebo je Božie kráľovstvo, kde je večná radosť, a peklo je miestom večnej bolesti a utrpenia, kde je oheň a síra (Zjv 21, 8).

Pretože nebo a peklo sú miesta, ktoré skutočne existujú, existujú ľudia, ktorí vo videniach vidia nebo a peklo a je veľa ľudí, ktorých duchovia skutočne navštívili tieto miesta. Ak si niekto myslí, že všetci títo ľudia klamú, sú jednoducho tvrdohlaví.

Keďže Biblia jasne vysvetľuje o nebi a pekle, musíme tomu veriť. Biblia, na rozdiel od akejkoľvek inej knihy, obsahuje posolstvo spásy - slová Boha Stvoriteľa.

Biblia zaznamenáva stvorenie ľudstva, a ako Boh až dodnes pracuje. Jasne vysvetľuje úplný proces toho, ako človek zhrešil, ušpinil sa a stal sa predmetom večnej smrti, a ako ho Boh zachránil. Zaznamenáva udalosti z minulosti, prítomnosti, budúcnosti a posledného Božieho súdu na konci vekov.

Áno, je dôležité, aby sme na tomto svete žili bez problémov a pokojne. Avšak, v porovnaní s nebom je život, ktorý žijeme na tomto svete, veľmi krátky a dočasný. Desať rokov sa zdá byť dlho, ale keď sa obzrieme späť, zdá sa, akoby to bolo len včera. Zvyšok nášho času tu na zemi je rovnaký. Aj keď človek môže žiť a tvrdo pracovať a získať veľa vecí, všetko pominie, keď sa jeho život na zemi skončí. Tak na čo je to dobré?

Bez ohľadu na to, koľko toho vlastníme a získame, nemôžeme si to vziať so sebou do večného sveta. A aj keď budeme mať slávu a moc, keď zomrieme, všetko sa to nakoniec pominie a zabudne.

Spôsob spásy

Sk 4, 12: „A v nikom inom niet spásy, lebo pod nebom niet iného mena, daného ľuďom, v ktorom by sme mali byť spasení." Biblia nám hovorí, že Ježiš Kristus je jediný Spasiteľ, ktorý nás môže zachrániť. Prečo je spása možná len v mene Ježiša Krista? Je to preto, že problém hriechu musí byť vyriešený. Aby sme to lepšie pochopili, vráťme sa do doby Adama a Evy, pôvodu ľudstva.

Po stvorení Adama a Evy Boh dal Adamovi moc a slávu, aby

vládol nad všetkými stvoreniami. Adam a Eva žili dlhú dobu v hojnosti rajskej záhrady, kým raz nepodľahli plánu hada a jedli ovocie poznania dobra a zla. Potom, čo neuposlúchli Boha tým, že jedli ovocie, ktoré im Boh zakázal jesť, vstúpil do nich hriech (Gn 3, 1 - 6).

Rim 5, 12 hovorí: „A tak: Cez jedného človeka vošiel do sveta hriech a cez hriech smrť. Takto prešla smrť na všetkých ľudí, pretože všetci zhrešili." V dôsledku Adamovho hriechu prišiel na tento svet hriech a celé ľudstvo začalo páchať hriechy. Výsledkom bola smrť, ktorá prišla na celé ľudstvo.

Boh jednoducho nezachránil týchto ľudí z hriechu bez akýchkoľvek podmienok. Rim 5, 18 - 19 hovorí: „A tak ako previnenie jedného prinieslo odsúdenie všetkým ľuďom, tak aj spravodlivý skutok jedného priniesol ospravedlnenie všetkých ľudí, teda život. Lebo ako neposlušnosťou jedného človeka sa mnohí stali hriešnikmi, tak aj poslušnosťou jedného sa mnohí stanú spravodlivými."

To znamená, že ako sa všetci ľudia stali hriešnikmi v dôsledku hriechu jedného človeka Adama, skrze poslušnosť jedného človeka môže byť spasené celé ľudstvo. Boh je vládcom všetkých stvorení, ale všetko koná správnym spôsobom (1 Kor 14, 40); preto pripravil jedného človeka, ktorý mal všetky kvalifikácie stať sa Spasiteľom - a bol ním Ježiš Kristus.

Prozreteľnosť spásy skrze Ježiša Krista

Medzi duchovnými zákonmi existuje zákon, ktorý hovorí, že „mzdou hriechu je smrť" (Rim 6, 23). Na druhej strane tiež existuje zákon o vykúpení človeka z tohto hriechu. To, čo priamo súvisí s týmto duchovným zákonom, je zákon o vykúpení pozemkov v Izraeli. Tento zákon dovoľuje človeku predávať pozemky, ale nie natrvalo. Ak človek predal svoj pozemok v dôsledku ekonomických ťažkostí, jeden z jeho bohatých príbuzných ho môže kedykoľvek kúpiť späť. A ak človek nemá žiadnych bohatých príbuzných, ktorí by to pre neho mohli urobiť, môže ho vždy kúpiť späť on sám, ak znova zbohatne (Lv 25, 23 - 25).

Vykúpenie z hriechu funguje rovnakým spôsobom. Ak je niekto kvalifikovaný vykúpiť brata z hriechu, môže to urobiť. Ale nech je to už ktokoľvek, musí zaplatiť mzdu za hriech.

Ale ako je to napísané v 1 Kor 15, 21: „Lebo ako skrze človeka prišla smrť, tak prišlo skrze človeka aj zmŕtvychvstanie," ten, kto nás mohol vykúpiť z hriechu, musel byť človekom. To je dôvod, prečo Ježiš prišiel na tento svet v ľudskom tele – v podobe človeka, ktorý sa stal hriešnikom.

Človek, ktorý sám má dlh, nemôže splatiť dlh niekoho iného. Podobne, človek s hriechom nemôže vykúpiť ľudstvo z hriechu. Človek dedí po svojich rodičoch nielen fyzické vlastnosti a chrakteristické znaky, ale aj ich hriešnu prirodzenosť. Ak pozorujeme malé dieťa a vidíme, že iné dieťa sedí na kolenách matky tohto dieťaťa, dieťa sa stáva nepríjemným a snaží sa to druhé dieťa od matky odtlačiť. Aj keď ho nikto neučil, aby to robilo, prirodzene je v ňom žiarlivosť a závisť. Keď sú niektoré deti hladné a nie sú hneď nakŕmené, začnú nekontrolovateľne plakať. Je to kvôli hriešnej prirodzenosti hnevu, ktorú zdedili po svojich rodičoch. Tieto typy hriešnych prirodzeností, ktoré ľudia dedia po svojich rodičoch prostredníctvom ich životnej sily, nazývajú sa „prvotným hriechom". Všetci potomkovia Adama sa rodia s týmto prvotným hriechom; preto nikto z nich nemôže vykúpiť iného človeka z hriechu.

Avšak, Ježiš sa narodil prostredníctvom počatia Ducha Svätého, takže tento prvotný hriech po žiadnom rodičovi nezdedil. A počas jeho rastu a dospievania zachovával všetky zákony; preto nespáchal žiaden vlastný hriech. V duchovnom svete je byť bezhriešny mocou.

Ježiš s radosťou na seba vzal ukrižovanie, pretože mal takú lásku, ktorá neváhala dať ani vlastný život za vykúpenie ľudstva z hriechu. Aby vykúpil človeka z prekliatia zákona, zomrel na drevenom kríži (Gal. 3:13) a vylial jeho drahocennú krv, ktorá nebola ušpinená prvotným hriechom ani vlastnými hriechmi. Zaplatil za všetky hriechy celého ľudstva.

Aby Boh zachránil hriešnikov, nešetril ani životom jeho jediného Syna, ktorý zomrel na kríži. Toto je veľká láska, ktorú nám dal. A Ježiš preukázal jeho lásku k nám tým, že sa vzdal vlastného života, aby sa stal zmiernou obetou medzi nami a Bohom. Okrem Ježiša neexistuje nikto iný, kto má takúto lásku alebo moc vykúpiť nás z hriechu. To sú dôvody, prečo spásu môžeme získať len skrze Ježiša Krista.

～ Kapitola 2 ～

Otec, Syn a Duch Svätý

„No Tešiteľ, Duch Svätý, ktorého pošle Otec v mojom mene, ten vás naučí všetko a pripomenie vám všetko, čo som vám hovoril."
(Jn 14, 26)

Gn 1, 26 hovorí: „Boh povedal: „Utvorme človeka na svoj obraz, na svoju podobu..."" Množné číslo tu predstavuje trojjediného Boha - Otca, Syna a Ducha Svätého. Hoci je každá z rolí Otca, Syna a Ducha Svätého pri stvorení človeka a v napĺňovaní prozreteľnosti spásy iná, pretože sú v ich podstate jedno, nazývajú sa Božou Trojicou alebo trojjediným Bohom.

Toto je veľmi dôležitá doktrína kresťanskej viery, a pretože je to tajné posolstvo o pôvode Boha Stvoriteľa, je ťažké úplne pochopiť tento koncept obmedzeným ľudským myslením a poznaním. Avšak, aby sme vyriešili problém hriechu a dosiahli úplnú spásu, musíme mať správne poznanie o Trojici Boha Otca, Boha Syna a Boha Ducha Svätého. Iba keď máme toto chápanie, môžeme sa plne tešiť z požehnania a autority byť Božími deťmi.

Kto je Boh Otec?

Boh je predovšetkým Stvoriteľom vesmíru. Gn 1 opisuje, ako Boh stvoril vesmír. Z úplnej ničoty Boh za šesť dní jeho Slovom stvoril nebesia a zem. Potom šiesty deň Boh stvoril Adama, otca ľudstva. Stačí sa pozrieť na poriadok a harmóniu všetkého v stvorení a môžeme pochopiť, že Boh je živý, a že existuje len jeden Boh Stvoriteľ.

Boh je vševediaci. Boh je dokonalý a vie všetko. Preto nám prostredníctvom proroctva skrze tých ľudí, ktorí s ním majú spoločenstvo, oznamuje budúce udalosti (Am 3, 7). Boh je tiež všemohúci a môže urobiť čokoľvek. To je dôvod, prečo Biblia zaznamenáva nespočetné množstvo znamení a zázrakov, ktoré nemožno dosiahnuť ľudskou silou a schopnosťami.

Navyše, Boh existuje sám od seba. V Ex 3 narazíme na scénu, kde sa Mojžišovi zjavuje Boh. V horiacom kre ho Boh povolá, aby sa stal vodcom exodusu z Egypta. Vtedy Boh povedal Mojžišovi: „Ja som, ktorý som." Vysvetľoval tak jednu z jeho vlastností, ktorou je jeho existencia samého od seba. To znamená, že Boha nikto nestvoril ani nezrodil. On sám existoval už pred začiatkom vekov.

Boh je tiež autorom Biblie. Ale pretože Boh Stvoriteľ ďaleko prevyšuje človeka, z pohľadu človeka je ťažké úplne vysvetliť jeho existenciu. Je to preto, že Boh je nekonečná bytosť; preto s obmedzeným ľudským poznaním človek nemôže vedieť o ňom úplne všetko.

V Biblii môžeme vidieť, že Boh je nazývaný rôznymi menami v závislosti od situácie. V Ex 6, 3 je napísané: „Zjavil som sa Abrahámovi, Izákovi a Jákobovi ako všemohúci Boh. Svoje meno Pán som im však nedal poznať." A v Ex 15, 3 je napísané: „Pán je bojovník; jeho meno je Pán." Meno PÁN znamená nielen „ten, ktorý existuje sám od seba"; ale tiež to predstavuje jediného pravého Boha, ktorý vládne nad všetkými národmi sveta a nad všetkým v ňom.

A slovo „Boh" sa používa v tom zmysle, že On je s každou rasou, krajinou alebo jednotlivcom; preto sa toto meno používa na zobrazenie Božej ľudskosti. Zatiaľ čo meno „PÁN" je rozšírenejšie a známejšie meno pre Božstvo, „Boh" je výraz pre Božiu ľudskosť, ktorá má blízke, duchovné spoločenstvo s každým jedným človekom. Takýmto príkladom je: „Boh Abraháma, Boh Izáka a Boh Jakuba".

Prečo teda nazývame tohto Boha „Boh Otec"? Je to preto, že Boh nie je len vládcom celého vesmíru a najvyšším Sudcom; ale najdôležitejšie je to, že je zvrchovaným vodcom v plánovaní a vykonávaní ľudskej kultivácie. Ak veríme v tohto Boha, môžeme ho volať „Otcom", a ako jeho deti zažiť úžasnú moc a požehnanie.

Boh Otec: zvrchovaný vodca ľudskej kultivácie

Boh Stvoriteľ začal ľudskú kultiváciu, aby získal pravé deti, s ktorými by mohol zdieľať pravý, milujúci vzťah. Ale keďže všetko, čo je stvorené, má začiatok a koniec, aj pozemský život človeka má začiatok a koniec.

Zjv 20, 11 - 15 hovorí: „Videl som veľký biely trón i toho, ktorý na ňom sedel. Spred neho utiekla zem i nebo a už nebolo pre ne miesta. Videl som mŕtvych, veľkých i malých; stáli pred trónom. A otvorili sa knihy. Aj iná kniha sa otvorila, kniha života. A mŕtvi boli súdení podľa toho, čo bolo napísané v knihách, podľa ich skutkov. Aj more vydalo mŕtvych, ktorí boli v ňom. Aj smrť a podsvetie vydali mŕtvych, ktorí boli v nich. A každý bol súdený podľa svojich skutkov. Smrť a podsvetie boli zvrhnuté do ohnivého jazera. Toto je druhá smrť, ohnivé jazero. A ak sa našiel niekto, kto nebol zapísaný v knihe života, bol hodený do ohnivého jazera."

Táto časť je vysvetlením súdu veľkého bieleho trónu. Keď sa ľudská kultivácia na zemi skončí, Pán sa vráti vo vzduchu, aby k sebe vzal všetkých veriacich. Potom budú tí veriaci, ktorí žijú, vyzdvihnutí do vzduchu, kde sa uskutoční sedemročná svadobná hostina. Počas svadobnej hostiny vo vzduchu bude tu na zemi sedemročné súženie. Potom sa Pán vráti na zem a bude tu tisíc rokov kraľovať. A po skončení tohto tisícročného kraľovania nastane súd veľkého bieleho trónu. Vtedy tie Božie deti, ktorých mená sú zaznamenané v knihe života, pôjdu do neba, a tí, ktorých mená nie sú zaznamenané v knihe života, budú súdení podľa ich skutkov, a potom pôjdu do pekla.

V Biblii môžeme vidieť, že od chvíle, keď Boh stvoril človeka až dodnes, Boh nás stále rovnako miluje. Dokonca aj po tom, čo Adam a Eva zhrešili a boli vyhnaní z raja Edenu, Boh nám oznámil jeho vôľu, jeho prozreteľnosť a veci, ktoré majú prísť prostredníctvom spravodlivých ľudí, ako sú Noe, Abrahám, Mojžiš, Dávid a Daniel. Dokonca, aj dnes je Božia moc a prítomnosť stále viditeľná v našich životoch. Pracuje prostredníctvom tých ľudí, ktorí ho skutočne uznávajú a milujú.

Keď sa pozrieme na Starý zákon, môžeme vidieť, že pretože nás Boh miluje, učí nás, ako nepodľahnúť hriechom, a ako žiť v spravodlivosti. Učí nás, čo je hriech a spravodlivosť, aby sme sa vyhli súdu. Taktiež nás učí, že keď ho uctievame, mali by sme prinášať obety, aby sme nezabudli na živého Boha. Vidíme, že požehnal tých, ktorí v neho uverili a tým, ktorí zhrešili, dal šancu odvrátiť sa od ich hriechu - buď prostredníctvom trestu, alebo iným spôsobom. Navyše, používal jeho prorokov, aby zjavili jeho vôľu a učili nás žiť v pravde.

Ľudia však neposlúchli, ale naďalej pokračovali v páchaní hriechov. Aby Boh tento problém vyriešil, poslal Spasiteľa, Ježiša Krista, ktorého pripravil už pred začiatkom vekov. A On bol ten, kto otvoril cestu spásy, aby všetci ľudia mohli byť skrze vieru spasení.

Kto je Syn Ježiš Kristus?

Človek, ktorý spáchal hriech, nemôže vykúpiť z hriechu iného človeka, takže je potrebný človek bez akéhokoľvek hriechu. To je dôvod, prečo sám Boh musel vziať na seba ľudské telo a prísť na tento svet - a bol to Ježiš. Pretože mzdou hriechu je smrť, Ježiš musel prijať smrť na kríži, aby odčinil naše hriechy. Je to preto, že bez preliatia krvi niet odpustenia hriechu (Lv 17, 11; Hebr 9, 22).

V Božej prozreteľnosti Ježiš zomrel na drevenom kríži, aby vyslobodil ľudstvo z prekliatia zákona. Po vykúpení ľudstva z hriechov tretieho dňa vstal z mŕtvych. Preto každý, kto verí v Ježiša Krista ako svojho Spasiteľa, má odpustené hriechy a získava spásu. Rovnako ako Ježiš, ktorý sa stal prvým ovocím zmŕtvychvstania, aj my budeme vzkriesení a pôjdeme do neba.

V Jn 14, 6 Ježiš hovorí: „Ja som cesta, pravda i život. Nik neprichádza k Otcovi, ak len nie skrze mňa." Ježiš je cesta, pretože sa stal cestou pre vstup ľudstva do neba, kde vládne Boh Otec; je pravda, pretože On je Božie Slovo, ktoré sa stalo telom a prišlo na tento svet; a je život, pretože skrze neho človek získava spásu a večný život.

Kým bol Ježiš tu na zemi, úplne zachovával zákon. Podľa zákona Izraela bol obrezaný na ôsmy deň po jeho narodení. Žil s jeho rodičmi až do veku 30 rokov a splnil všetky jeho povinnosti. Ježiš nemal ani prvotný hriech, ani nespáchal žiadne hriechy. Preto je v 1 Pt 2, 22 o Ježišovi napísané: „On sa hriechu nedopustil, ani lesť nebola v jeho ústach."

O trochu neskôr sa začal Ježiš podľa Božej vôle 40 dní postiť, predtým, než začal plniť jeho poslanie. Mnohým ľuďom povedal o živom Bohu a o evanjeliu nebeského kráľovstva a Božiu moc zjavoval všade tam, kde išiel. Jasne ukázal, že Boh je pravým Bohom a zvrchovaným vládcom života a smrti.

Dôvodom, prečo Ježiš prišiel na tento svet, bolo povedať celému ľudstvu o Bohu Otcovi, zničiť nepriateľa diabla, aby nás zachránil z hriechu a viesť nás na cestu večného života. Preto v Jn 4, 34 Ježiš hovorí: „Mojím pokrmom je plniť vôľu toho, čo ma poslal, a dokonať jeho dielo."

Spasiteľ Ježiš Kristus

Ježiš Kristus nie je len jedným zo štyroch najväčších filozofov, akých svet kedy poznal. On je Spasiteľ, ktorý otvoril cestu spásy pre celé ľudstvo. Preto nemôže byť umiestnený na rovnakej úrovni ako ľudia, ktorí sú len jeho stvoreniami. Flp 2, 6 - 11 hovorí: „On, hoci mal Božiu podobu, svoju rovnosť s Bohom nepovažoval za korisť, ale zriekol sa jej, keď vzal na seba podobu služobníka a stal sa podobný ľuďom a podľa vonkajšieho zjavu bol pokladaný za človeka, ponížil sa a stal sa poslušným až na smrť, a to smrť na kríži. Preto ho Boh nad všetko povýšil a dal mu meno nad každé meno, aby pri mene Ježiš pokľaklo každé koleno tých, čo sú na nebi, na zemi aj v podsvetí, a aby každý jazyk vyznával na slávu Boha Otca: „Ježiš Kristus je Pán.""

Keďže Ježiš poslúchal Boha a obetoval sa podľa Božej vôle, Boh ho povýšil na najvyššie miesto po jeho pravici a nazval ho Kráľom kráľov a Pánom pánov.

Kto je Tešiteľ Duch Svätý?

Keď bol Ježiš tu na tomto svete, musel konať v rámci časových a priestorových obmedzení, pretože mal ľudské telo. Šíril evanjelium v Judsku, Samárii a Galilei, ale nemohol šíriť evanjelium do vzdialenejších regiónov. Avšak, po tom, ako Ježiš vstal z mŕtvych a vystúpil na nebesia, zoslal nám Ducha Svätého, Tešiteľa, ktorý zostúpil na celé ľudstvo, presahujúc časové a priestorové obmedzenia.

Definícia „tešiteľa" je nasledovná: „prorok, ktorý obhajuje iného človeka, presviedča ho alebo pomáha mu, aby si uvedomil, čo je zlé"; „poradca, ktorý povzbudzuje a posilňuje iného človeka".

Duch Svätý je svätý a jedno s Bohom, a tak pozná dokonca aj hlbiny Božieho srdca (1 Kor 2, 10). Ako hriešnik nevidí Boha, ani Duch Svätý nemôže prebývať v hriešnikovi. Preto predtým, ako nás Ježiš vykúpil tým, že zomrel na kríži a prelial za nás jeho krv, Duch Svätý do našich sŕdc nemohol prísť.

Ale potom, čo Ježiš zomrel a vstal z mŕtvych, problém hriechu bol vyriešený a každý, kto otvorí svoje srdce a prijíma Ježiša Krista, môže dostať dar Ducha Svätého. Keď je človek vierou ospravedlnený z hriechov, Boh mu dáva dar Ducha Svätého, aby v jeho srdci mohol prebývať Duch Svätý. Duch Svätý nás vedie a usmerňuje, a prostredníctvom neho môžeme komunikovať s

Bohom.

Prečo potom Boh dáva jeho deťom dar Ducha Svätého? Dôvodom je to, že ak Duch Svätý k nám nepríde a neobnoví nášho ducha - ktorý v dôsledku Adamovho hriechu zomrel - nemôžeme vstúpiť do pravdy alebo v pravde prebývať. Keď veríme v Ježiša Krista a dostávame dar Ducha Svätého, Duch Svätý prichádza do našich sŕdc a učí nás Božie zákony, ktoré sú pravda, aby sme mohli žiť podľa týchto zákonov a prebývať v pravde.

Poslanie Tešiteľa Ducha Svätého

Základným poslaným Ducha Svätého je to, aby sme sa znovuzrodili. Tým, že sa znovuzrodíme, pochopíme Božie zákony a snažíme sa ich dodržiavať. Preto Ježiš povedal: „Ak sa niekto nenarodí z vody a z Ducha, nemôže vojsť do Božieho kráľovstva. Čo sa narodilo z tela, je telo, a čo sa narodilo z Ducha, je duch." (Jn 3, 5 - 6), Takže, ak sa znovu nenarodíme z vody a Ducha Svätého, nemôžeme získať spásu.

Tu sa voda vzťahuje na živú vodu - Božie Slovo. Musíme sa úplne očistiť a premeniť Božím Slovom, teda pravdou. Čo teda znamená znovuzrodiť sa z Ducha Svätého? Keď prijmeme Ježiša Krista, Boh nám dáva dar Ducha Svätého a uznáva nás ako jeho deti (Sk 2, 38). Božie deti, ktoré dostávajú dar Ducha Svätého, zachovávajú Slovo pravdy a učia sa rozlišovať medzi dobrom a zlom. A keď sa vrúcne modlia, Boh im dáva milosť a silu žiť podľa jeho Slova. Toto znamená znovuzrodiť sa z Ducha Svätého. A v závislosti od toho, do akej miery v každom človeku Duch zrodí ducha, do tej miery je premenený pravdou. A v závislosti od toho, do akej miery je človek premenený pravdou, do tej miery môže od Boha získať duchovnú vieru.

Po druhé, Duch Svätý pomáha našim slabostiam a prihovára sa za nás nevysloviteľnými vzdychmi, aby sme vedeli, za čo sa modliť (Rim 8, 26). Taktiež nás láme, aby sme sa stali lepšími nádobami. A tak, ako povedal Ježiš: „No Tešiteľ, Duch Svätý, ktorého pošle Otec v mojom mene, ten vás naučí všetko a pripomenie vám všetko, čo som vám hovoril" (Jn 14, 26), Duch Svätý nás vedie k pravde a učí nás o veciach, ktoré majú prísť (Jn 16, 13).

Navyše, keď nasledujeme túžby Ducha Svätého, umožňuje nám zberať ovocie a dostávať duchovné dary. Preto, ak dostaneme dar Ducha Svätého a konáme podľa pravdy, On pracuje v nás, aby sme mohli prinášať ovocie lásky, radosti, pokoja, trpezlivosti, láskavosti, dobroty, vernosti, miernosti a sebaovládania (Gal 5, 22 - 23). A nielen to, On nám dáva dary, ktoré sú užitočné pre nás ako veriacich v našom duchovnom živote, ako sú slová múdrosti, slová poznania, viera, dar uzdravovania, dar uskutočňovania zázrakov, dar proroctva, dar rozlišovania duchov, dar jazykov a dar výkladu jazykov (1 Kor 12, 7 - 10).

Okrem toho, Duch k nám aj hovorí (Sk 10, 19), dáva nám príkazy (Sk 8, 29), a niekedy nám zakazuje niečo vykonať, ak je to proti Božej vôli (Sk 16, 6).

Božia Trojica napĺňa prozreteľnosť spásy

Otec, Syn a Duch Svätý boli pôvodne jedno. Na začiatku tento jeden Boh, ktorý existoval v podobe Svetla s mocným hlasom, vládol nad celým vesmírom (Jn 1, 1; 1 Jn 1, 5). Potom začal v určitom okamihu plánovať prozreteľnosť ľudskej kultivácie, aby získal pravé deti, s ktorými by sa mohol deliť o jeho lásku. Jeden priestor, v ktorom pôvodne prebýval, rozdelil na mnoho priestorov a začal existovať ako trojjediný Boh.

Boh Syn, Ježiš Kristus, bol zrodený z pôvodného Boha (Sk 13, 33; Hebr 5, 5), a aj Boh Duch Svätý bol zrodený z pôvodného Boha (Jn 15, 26; Gal 4, 6). Preto Boh Otec, Boh Syn a Boh Duch Svätý - trojjediný Boh - plnia prozreteľnosť spásy ľudstva a budú ju aj naďalej plniť až do dňa súdu veľkého bieleho trónu.

Keď bol Ježiš pribitý na kríž, netrpel sám. Aj Boh Otec a Duch Svätý s ním prežívali bolesť. Taktiež, ako si Duch Svätý plní jeho poslanie smútením a prihováraním sa za duše tu na zemi, aj Boh Otec a Pán pracujú spolu s ním.

V 1 Jn 5, 7 - 8 je napísané: „Traja sú, ktorí svedčia: Duch, voda a krv; a tí traja sú jedno." Voda duchovne symbolizuje poslanie Božieho Slova a krv duchovne symbolizuje Pánovo poslanie a preliatie jeho krvi na kríži. Tým, že všetci traja spolupracujú na ich poslaniach, Božia Trojica dáva dôkaz o spáse všetkým veriacim.

Mt 28, 19 hovorí: „Choďte teda a získavajte mi učeníkov vo všetkých národoch a krstite ich v mene Otca i Syna i Svätého

Ducha." A 2 Kor 13, 14 hovorí: „Milosť Pána Ježiša Krista, Božia láska a spoločenstvo Svätého Ducha nech je s vami všetkými!" Vidíme, že ľudia sú krstení a požehnávaní v mene Božej Trojice.

Týmto spôsobom, pretože Boh Otec, Boh Syn a Boh Duch Svätý sú pôvodom jednej podstaty, jedného srdca a jednej mysle, každá z ich úloh v ľudskej kultivácii je stanovená usporiadaným spôsobom. Boh jasne oddelil obdobie Starého zákona, kde sám Boh Otec viedol jeho ľud; obdobie Nového zákona, keď na tento svet prišiel Ježiš, aby sa stal Spasiteľom ľudstva; a posledné obdobie milosti, kedy vykonáva jeho poslanie Duch Svätý, Tešiteľ. Božia Trojica plní jeho vôľu v každom z týchto období.

Sk 2, 38 hovoria: „Kajajte sa a každý z vás nech sa nechá pokrstiť v mene Ježiša Krista na odpustenie svojich hriechov a dostanete dar Svätého Ducha." A ako je napísané v 2 Kor 1, 22: „On nás aj označil pečaťou a Ducha dal do našich sŕdc ako závdavok," ak prijmeme Ježiša Krista a dostaneme dar Ducha Svätého, nielenže dostávame právo stať sa Božími deťmi (Jn 1, 12), ale môžeme tiež získať vedenie Ducha Svätého, aby sme odhodili hriech a žili vo svetle. Keď naša duša prosperuje, bude sa nám vo všetkom dariť a dostaneme požehnanie duchovného i fyzického zdravia. A keď raz pôjdeme do neba, budeme sa tešiť z večného života!

Ak by Boh Otec existoval sám, nemohli by sme získať úplnú spásu. Potrebujeme Ježiša Krista, pretože do Božieho kráľovstva môžeme vstúpiť len po umytí od našich hriechov. A ak máme odhodiť naše hriechy a usilovať sa o obnovu Božieho obrazu, potrebujeme pomoc Ducha Svätého. Pretože nám pomáha Božia Trojica - Otec, Syn a Duch Svätý - môžeme získať úplnú spásu a vzdať slávu Bohu.

Slovník

Telo a skutky tela

Výraz „telo" je z duchovného hľadiska všeobecným pojmom, ktorý odkazuje na nepravdu v našich srdciach, ktorá sa navonok prejavuje v skutkoch. Napríklad, nenávisť, závisť, cudzoložstvo, pýcha, a podobne, ktoré sa prejavujú v konkrétnych skutkoch, ako je násilie, zneužívanie, vražda, atď., sa kolektívne nazývajú „telo", a keď je každý z týchto hriechov klasifikovaný jednotlivo, nazývame ich „skutky tela".

Žiadostivosť tela, žiadostivosť očí, vystatovačná pýcha života

„Žiadostivosť tela" sa vzťahuje na prirodzenosti, ktoré spôsobujú, že ľudia páchajú hriechy na základe telesných túžob. Tieto tendencie zahŕňajú nenávisť, pýchu, hnev, lenivosť, cudzoložstvo, atď. Keď sa tieto hriešne prirodzenosti stretávajú s určitým prostredím, ktoré ich vyvoláva, prejaví sa žiadostivosť tela. Napríklad, ak má niekto hriešnu prirodzenosť „súdiť a odsudzovať" iných, bude rád počúvať chýry a tešiť sa z klebiet.

„Žiadostivosť očí" označuje hriešnu prirodzenosť, ktorá spôsobuje, že človek túži po telesných veciach, keď je jeho srdce stimulované pozeraním očami a počúvaním ušami. Žiadostivosť očí je stimulovaná, keď vidíme a počúvame veci tohto sveta. Ak tieto veci neodhodíme, ale ich budeme aj naďalej prijímať a uchovávať, vyvolá to žiadostivosť tela a my skončíme spáchaním hriechu.

„Vystatovačná pýcha života" sa týka hriešnej prirodzenosti človeka, ktorá ho núti, aby sa chcel ukázať chválením sa a chvastaním, zatiaľ čo vyhľadáva potešenie tohto sveta. Ak má človek v sebe túto hriešnu prirodzenosť, bude sa neustále usilovať získavať veci tohto sveta, aby sa chválil.

Kapitola 3

Skutky tela

> *„A skutky tela sú zjavné: smilstvo, nečistota, chlipnosť, modloslužba, čary, nepriateľstvá, svár, žiarlivosť, hnevy, zvady, rozbroje, roztržky, závisť, opilstvo, hýrenie a im podobné. O tomto vám vopred hovorím, ako som už skôr povedal, že tí, čo robia také veci, nebudú mať účasť na Božom kráľovstve."*
> *(Gal 5, 19 - 21, NKJV)*

Dokonca ani kresťania, ktorí sú veriacimi už dlhú dobu, nemusia poznať slovné spojenie „skutky tela". Je to preto, lebo v mnohých prípadoch cirkvi neučia konkrétne o hriechu. Avšak, ako je to jasne napísané v Mt 7, 21: „Nie každý, kto mi hovorí: „Pane, Pane!" vojde do nebeského kráľovstva, ale iba ten, kto plní vôľu môjho Otca, ktorý je v nebesiach," musíme presne vedieť, čo je Božia vôľa, a určite musíme vedieť, ktoré hriechy Boh nenávidí.

Boh nazýva „hriechmi" nielen viditeľné zlé skutky, ale za hriechy považuje aj nenávisť, závisť, žiarlivosť, súdenie a/alebo odsudzovanie iných ľudí, zatvrdilosť, lživé srdce, atď. Podľa Biblie sa nazýva hriechom všetko toto: „Čokoľvek, čo nepochádza z viery" (Rim 14, 23), vedieť, čo je správne a nekonať to (Jak 4, 17), nekonať dobro, ktoré chceme konať, ale konať zlo, ktoré nechceme konať (Rimanom 7, 19 - 20), skutky tela (Gal 5, 19 - 21) a telesné veci (Rim 8, 5).

Všetky tieto hriechy tvoria múr, ktorý stojí medzi nami a Bohom, ako je napísané v Iz 59, 1 - 3: „Pozri, ruka Pánova nie je taká krátka, aby nemohla zachraňovať, a jeho ucho nie je také nedoslýchavé, žeby nepočulo. Sú to vaše viny, čo sa stali prekážkou medzi vami a vaším Bohom, a vaše hriechy zakryli jeho tvár pred vami, takže nepočuje, lebo vaše dlane sú poškvrnené krvou, vaše prsty vinou, vaše pery hovoria lož a váš jazyk premieľa zvrátenosti."

Aké konkrétne múry hriechu stoja medzi nami a Bohom?

Telesné veci a skutky tela

Keď za normálnych okolností hovoríme o ľudskom tele, slová „ľudské telo" a „telo" sú zameniteľné. Avšak, duchovná definícia slova „telo" je iná. Gal 5, 24 hovorí: „Tí, čo patria Ježišovi Kristovi, ukrižovali svoje telo s vášňami a žiadosťami." Toto však neznamená, že sme doslovne ukrižovali naše telo.

Aby sme mohli pochopiť význam vyššie uvedeného verša, musíme poznať duchovný význam slova „telo". Nie všetky použitia slova „telo" majú duchovný význam. Niekedy sa jednoducho vzťahujú na ľudské telo. Preto musíme poznať tento termín jasnejšie, aby sme mohli vedieť, kedy sa slovo používa s duchovným významom, a kedy nie.

Pôvodne bol človek stvorený s duchom, dušou a telom a nemal v sebe žiadny hriech. Avšak, po neuposlúchnutí Božieho Slova sa človek stal hriešnikom. A pretože mzdou hriechu je smrť (Rim 6, 23), duch, ktorý je pánom človeka, zomrel. A ľudské telo sa stalo pominuteľným telom, ktoré s plynutím času postupne chátra, rozpadá sa a vracia sa späť do hŕstky prachu. Takže človek má vo svojom tele hriech a prostredníctvom skutkov pácha hriechy. Toto je to, kedy sa používa slovo „telo".

„Telo", ako duchovný pojem, predstavuje kombináciu hriešnych prirodzeností a ľudského tela, z ktorého unikla pravda. A tak, keď Biblia hovorí o „tele", predstavuje to hriech, ktorý sa ešte neuskutočnil v skutku, ale ktorý by mohol byť každú chvíľu vyprovokovaný. Toto zahŕňa hriešne myšlienky a všetky ostatné druhy hriechov v našom tele. A všetky tieto hriechy sa kolektívne nazývajú „telesnými vecami".

Inými slovami, nenávisť, pýcha, hnev, súdenie, odsudzovanie, cudzoložstvo, chamtivosť, atď., sa spoločne nazývajú „telom" a každý z týchto hriechov sa individuálne nazýva „telesnou vecou". A preto, kým tieto telesné veci v srdci zostávajú, za správnych okolností môžu v každej chvíli vyjsť na povrch ako hriešne skutky. Napríklad, ak je v srdci nejaká nečestná prirodzenosť, nemusí byť za normálnych okolností viditeľná, ale ak sa človek nachádza v nepriaznivej alebo naliehavej situácii, môže niekoho iného oklamať nečestnými slovami alebo skutkami.

Hriechy, ktoré vychádzajú takýmto spôsobom navonok, sú

tiež „telom", ale každý z hriechov spáchaných v skutku sa nazýva „skutkom tela". Ak v sebe máte, napríklad, túžbu niekoho udrieť, táto „zlá túžba" sa považuje za „telesnú vec". A ak skutočne niekoho udriete, to sa potom považuje za „skutok tela".

Ak sa pozriete do Gn 6, 3, nájdete tam napísané: „Pán povedal: „Môj duch nezostane večne v človekovi, lebo je telo."" Boh hovorí, že už večne nezostane v človekovi, lebo človek sa zmenil na telo. Znamená to teda, že Boh už s nami nie je? Nie. Pretože sme prijali Ježiša Krista, dostali dar Ducha Svätého a znova sme sa narodili ako Božie deti, už viac nie sme telesnými ľuďmi.

Ak budeme žiť podľa Božieho Slova a budeme nasledovať vedenie Ducha Svätého, Duch v nás zrodí ducha a premeníme sa na duchovných ľudí. Boh, ktorý je duch, prebýva s tými, ktorí sa každý deň menia na duchovných ľudí. Avšak, Boh neprebýva s tými ľuďmi, ktorí tvrdia, že veria, a aj napriek tomu pokračujú v páchaní hriechov a skutkov tela. Biblia opakovane zdôrazňuje, že takýto ľudia nemôžu získať spásu (Ža 92, 7; Mt 7, 21; Rim 6, 23).

Skutky tela, ktoré zabraňujú tomu, aby človek zdedil Božie kráľovstvo

Ak si potom, čo žijeme uprostred hriechu, uvedomíme, že sme hriešnikmi a prijmeme Ježiša Krista, budeme sa snažiť nepáchať skutky tela, ktoré sa viditeľne javia ako „hriechy". Áno, Boh nie je potešený „telesnými vecami", ale sú to „skutky tela", ktoré nám môžu skutočne zabrániť zdediť Božie kráľovstvo. Preto sa o to viac musíme snažiť, aby sme nikdy nespáchali skutky tela.

1 Jn 3, 4 hovorí: „Každý, kto pácha hriech, porušuje zákon, lebo hriech je porušenie zákona." Tu spojenie „každý, kto pácha hriech" predstavuje každého, kto pácha skutky tela. Aj nespravodlivosť je bezprávie. Preto, ak ste nespravodliví, aj keď hovoríte, že ste veriaci, Biblia varuje, že nemôžete získať spásu.

1 Kor 6, 9 - 10 hovorí: „Neviete vari, že nespravodliví nebudú dedičmi Božieho kráľovstva? Nemýľte sa! Ani smilníci, ani modloslužobníci, ani cudzoložníci, ani prostitúti mužov, ani ich súložníci, ani zlodeji, ani lakomci, ani opilci, ani rúhači, ani vydierači nebudú dedičmi Božieho kráľovstva."

Mt 13 jasne vysvetľuje, čo sa stane s týmito ľuďmi na konci vekov: „Syn človeka pošle svojich anjelov, a tí vyzbierajú z jeho kráľovstva všetky pohoršenia i tých, čo páchajú neprávosť, a hodia ich do ohnivej pece. Tam bude plač a škrípanie zubami" (v 41 - 42). Prečo by sa to malo stať? Je to preto, že namiesto toho, aby sa títo ľudia pokúšali vyhnúť hriechu, žili život kompromisu s nepravdou tohto sveta. Takže v Božích očiach nie sú „pšenicou", ale „plevami".

Preto je najdôležitejšie, aby sme si najprv uvedomili, aké múry hriechu sme vybudovali medzi Bohom a nami, a potom musíme tieto múry zničiť. Až po vyriešení tohto problému hriechu môžeme byť uznaní Bohom za veriacich a môžeme rásť a dozrievať ako „pšenica". A to je to, kedy môžeme dostať odpovede na naše modlitby a zažiť uzdravenie a požehnanie.

Zrejmé skutky tela

Keďže skutky tela vychádzajú navonok ako skutky, môžeme jasne vidieť poškvrnený a skazený obraz spáchaného hriechu. Najzreteľnejšie skutky tela sú nemorálnosť, nečistota a zmyselnosť. Tieto hriechy sú sexuálne hriechy a tí, ktorí sa dopúšťajú týchto druhov hriechov, nemôžu získať spásu. Preto každý, koho sa tieto hriechy týkajú, musí rýchlo konať pokánie a odvrátiť sa od týchto ciest.

1) Nemorálnosť, nečistota, zmyselnosť

Po prvé, „nemorálnosť" sa tu týka sexuálnej nemorálnosti. Odkazuje to na to, keď má slobodný muž a slobodná žena fyzický vzťah. Pretože je dnes naša spoločnosť taká plná hriechu, sexuálne vzťahy pred uzavretím manželstva sa stali prirodzenými. Avšak, aj vtedy, keď sa dvaja ľudia chystajú zosobášiť a navzájom sa milujú, aj vtedy je to považované za nepravdu. Ale dnes sa ľudia za to ani nehanbia. Nepovažujú takéto konanie za hriech. Je to preto, že prostredníctvom filmov spoločnosť premieňa príbehy o mimomanželských aférach a vzťahoch, ktoré sú ďaleko od pravdy, na „krásne milostné príbehy". Keď ľudia sledujú tieto druhy filmov, ich zmysel pre hriech sa zmení, a postupne sa voči hriechu stávajú úplne necitliví.

Sexuálna nemorálnosť nie je prijateľná ani z etického alebo morálneho hľadiska. A tak, o koľko neprijateľnejšia by bola v očiach svätého Boha? Ak sa dvaja ľudia naozaj milujú, najprv by mali prostredníctvom sviatosti manželstva prijať uznanie od

Boha a od svojich rodičov a príbuzných, a potom opustiť svojich rodičov a stať sa jedným telom.

Po druhé, sexuálna nemorálnosť je, keď ženatý muž alebo vydatá žena nedrží svoj svadobný sľub posvätný. Teda vtedy, keď sa manžel alebo manželka dopúšťajú vzťahu s niekým iným ako ich zákonným partnerom. Avšak, okrem cudzoložstva, ktoré sa vyskytuje vo vzťahoch medzi ľuďmi, existuje aj duchovné cudzoložstvo, ktorého sa ľudia často dopúšťajú. Je to vtedy, keď sa ľudia nazývajú veriacimi, a napriek tomu uctievajú modly alebo chodia za špiritistickými médiami alebo veštkyňou, alebo sú závislí na nejakej čiernej mágii, či zlých kúzlach. Toto je skutok uctievania zlých duchov a démonov.

Ak sa pozriete na Nm 25, je tam napísané, že počas pobytu synov Izraela v Šittíme, ľud sa nielenže dopustil nemorálnosti s Moábčankami, ale tiež sa klaňal ich bohom. V dôsledku toho na nich zostúpil Boží hnev a za jeden deň na pohromu zomrelo 24 000 ľudí. Preto, ak niekto hovorí, že verí v Boha a je závislý na modlách a démonoch, je to skutok duchovného cudzoložstva a skutok zrady Boha.

Ďalším výrazom je „nečistota". Je to vtedy, keď nejaká hriešna prirodzenosť zájde príliš ďaleko a stáva sa špinavou. Napríklad, keď cudzoložné srdce zájde príliš ďaleko, zlodej môže znásilniť matku aj dcéru. Keď zájde príliš ďaleko žiarlivosť, tiež sa môže stať „nečistotou". Napríklad, ak človek začne na niekoho žiarliť až do takého bodu, že nakreslí obraz toho človeka a začne do neho hádzať šípky alebo ho prepichuje ihlami, takéto abnormálne skutky sú výsledkom tejto žiarlivosti a tieto skutky sú „nečistoty".

Predtým, ako človek uverí v Boha, môže mať v sebe hriešnu prirodzenosť ako nenávisť, žiarlivosť alebo cudzoložstvo. V dôsledku Adamovmu prvotnému hriechu sa každý človek rodí s nepravdou, ktorá je v podstate každého človeka. Keď tieto hriešne prirodzenosti vo vnútri človeka prekročia určitú hranicu a presiahnu hranice morálky a etiky a spôsobujú škodu a bolesť inej osobe, hovoríme, že je to „nečisté".

„Zmyselnosť" predstavuje hľadanie potešenia v zmyselných veciach, ako sú sexuálne túžby alebo fantázie, a pri nasledovaní týchto žiadostivých túžob páchanie všetkých druhov neslušných skutkov. „Zmyselnosť" sa líši od „cudzoložstva" v tom, že človek žije väčšinu svojho každodenného života ponorený v cudzoložných myšlienkach, slovách a skutkoch. Napríklad, párenie so zvieraťom alebo homosexuálne vzťahy - žena, ktorá sa dopúšťa neslušných skutkov s inou ženou alebo muž s iným mužom - alebo používanie sexuálnych pomôcok, atď, sú všetky zlými skutkami, ktoré spadajú pod „zmyselnosť".

V dnešnej spoločnosti ľudia hovoria, že homosexuáli by mali byť rešpektovaní. To však ide proti Bohu a proti racionálnosti (Rim 1, 26 - 27). Aj muži, ktorí sa považujú za ženy, alebo ženy, ktoré si myslia, že sú mužmi, alebo transsexuáli, sú pre Boha neprijateľní (Dt 22, 5). Je to v rozpore s Božím poriadkom stvorenia.

Keď sa spoločnosť začne v dôsledku hriechu kaziť, prvou vecou, ktorá sa stáva neusporiadanou, je ľudská morálka a etika týkajúce sa sexu. Historicky, vždy, keď sa sexuálna kultúra spoločnosti stala skazenou, nasledoval Boží trest. Sodoma a Gomora a Pompeje sú veľmi dobrými príkladmi. Keď vidíme, ako sa sexuálna kultúra našej spoločnosti stáva na celom svete skazenou - až do tej miery, že ju nemožno obnoviť - vieme, že deň posledného súdu je blízko.

2) Modloslužobníctvo, čarodejníctvo a nepriateľstvo

„Modly" možno rozdeliť do dvoch hlavných kategórií. Prvou je vytvorenie obrazu boha, ktorý nemá žiadny tvar tým, že mu dáme určitý fyzický tvar, alebo vytvoriť nejaký obraz a uctievať ho. Ľudia chcú veci, ktoré môžu vidieť očami, ktorých sa môžu dotýkať rukami, a ktoré môžu cítiť ich telom. To je dôvod, prečo ľudia používajú drevo, kamene, oceľ, zlato alebo striebro, aby vytvorili obrazy človeka, zvierat, vtákov alebo rýb, ktoré by mohli uctievať. Alebo dávajú nejaké mená niečomu, čo vidia, ako boh slnka, mesiaca a hviezd, a uctievajú to (Dt 4, 16 - 19). Toto sa nazýva „modloslužobníctvo".

V Ex 32 vidíme, že keď Mojžiš vyšiel na horu Sinaj, aby prijal Desatoro, a ihneď sa nevrátil, Izraeliti si urobili zlaté teľa a klaňali sa mu. Aj keď videli početné znamenia a zázraky, stále neverili, a nakoniec začali uctievať modlu. Keď to Boh videl, padol na nich Boží hnev a povedal, že ich zničí. Vtedy boli ich životy ušetrené vďaka Mojžišovej modlitbe. Ale v dôsledku tejto udalosti nemohli ľudia v exoduse, ktorí mali viac ako dvadsať rokov, vstúpiť do Kanaánskej krajiny a zomreli na púšti. Z toho môžeme vidieť, ako veľmi Boh nenávidí skutok vytvorenia modiel, klaňanie sa im alebo ich uctievanie.

Po druhé, ak je niečo, čo milujeme viac ako Boha, potom sa to stane modlou. Kol 3, 5 - 6 uvádza: „Umŕtvujte teda to, čo je vo vašich údoch pozemské: smilstvo, nečistotu, vášeň, zlú žiadostivosť a lakomstvo, ktoré je modloslužbou. Pre tieto veci prichádza Boží hnev na neposlušných synov."

Napríklad, ak má niekto v srdci chamtivosť, potom by mohol milovať materiálne majetky viac ako Boha, a aby zarobil viac peňazí, nemusí zachovávať Pánov deň svätý. Ak sa človek pokúša uspokojiť chamtivosť v jeho srdci tým, že miluje iných ľudí alebo veci viac ako Boha - ako manželku, manžela, deti, slávu, moc, poznanie, zábavu, televíziu, šport, koníčky alebo randenie - a nerád sa modlí a nevedie horlivý duchovný život, je to skutok modloslužobníctva.

Len preto, že nám Boh povedal, aby sme nepáchali modloslužobníctvo, ak sa niektorí ľudia pýtajú: „Takže Boh chce, aby sme uctievali a milovali len jeho?" a myslia si, že Boh je sebecký, nechápu to správne. Boh nám nepovedal, aby sme najprv milovali jeho, aby bol diktátorom. Povedal to preto, aby nás viedol k vedeniu života, ktorý je hodný ľudských stvorení. Ak človek miluje a uctieva iné veci viac ako Boha, nemôže si plniť svoje povinnosti ako ľudská bytosť a nedokáže zo svojho života odhodiť hriech.

Slovník definuje „čarodejníctvo" ako „skutky alebo kúzla človeka, ktorý používa nadprirodzené sily alebo čary prostredníctvom zlých duchov; čierna mágia; čarodejníctvo." Aj chodenie za šamanmi, spirituálnymi médiami, a podobne, spadá do tejto kategórie. Niektorí ľudia navštívia šamana alebo spirituálne médium, aby sa opýtali na svoje dieťa, ktoré sa pripravuje na prijímacie skúšky na vysokú školu alebo na to, či je ich snúbenec alebo snúbenica správnym výberom. Alebo ak sa v ich domácnosti objavia nejaké problémy, pokúsia sa získať amulet alebo prívesok pre šťastie. Ale Božie deti by nikdy nemali robiť takéto veci, pretože tieto veci privedú do ich života zlých duchov, a v dôsledku toho dôjde k väčším utrpeniam.

„Čary" a „kúzla" sú taktikou na oklamanie iných, ako napríklad, vymýšľanie zlomyseľných plánov, aby niekoho podviedli, alebo ho chytili do pasce. Z duchovného hľadiska je „čarodejníctvo" skutok podvádzania inej osoby prostredníctvom prefíkaných podvodov. To je dôvod, prečo v rôznych častiach dnešnej spoločnosti vládne temnota.

„Nepriateľstvo" je pocit odporu alebo nepriateľstva voči niekomu a túžba po jeho úplnom zničení. Ak by ste podrobne preskúmali srdce ľudí, ktorí majú s niekým nepriateľstvo, môžete vidieť, že sa tomu človeku vyhýbajú a nenávidia ho, buď preto, že ho z nejakého dôvodu nemajú radi, alebo z dôvodu vlastných zlých pocitov. Keď tieto zlé pocity presiahnu určitú hranicu, môžu sa uskutočniť v skutku, ktorý môže druhému človeku ublížiť; ako, napríklad, ohováranie, klebety a osočovanie a všetky ďalšie druhy iných zlomyseľných a zlých skutkov.

V Sam 16 vidíme, že akonáhle Pánov duch od Saula odišiel, prišli k nemu zlí duchovia. Ale keď Dávid hral na harfe, Saul bol osviežený a cítil sa dobre, a zlí duchovia ho opustili. Navyše, Dávid prakom a kameňom zabil filistinského obra Goliáša a zachránil izraelský národ pred krízou a vo vernosti k Saul riskoval aj vlastný život. Avšak, Saul sa bál, že Dávid mu vezme jeho trón a mnoho rokov strávil jeho prenasledovaním, aby ho zabil. A nakoniec, Boh Saula opustil. Božie Slovo nám hovorí, že máme milovať dokonca aj našich nepriateľov. Preto by sme s nikým nemali mať nepriateľstvo.

3) Svár, žiarlivosť, výbuchy hnevu

„Svár" nastáva, keď si ľudia postavia snahu o vlastný zisk a moc ako prioritu nad všetky ostatné a bojujú za to. Spor zvyčajne začína chamtivosťou a spôsobuje konflikty, ktoré vedú k zvade medzi vodcami krajín, členmi politických strán, rodinnými príslušníkmi, ľuďmi v cirkvi a vo všetkých ostatných medziľudských vzťahoch.

V kórejskej histórii máme príklad sváru medzi národnými vodcami. Dae Won Goon, otec posledného cisára dynastie Chosun, a jeho nevesta, cisárovná Myong Sung, mali medzi sebou spor o politickú moc, pričom každého z nich podporovali iné krajiny. Trvalo to viac ako desať rokov. To viedlo k národnému chaosu, ktorý spôsobil vzburu s vojenským povstaním, a dokonca až revolúciu poľnohospodárov. V dôsledku toho bolo zabitých mnoho politických vodcov, a aj cisárovná Myong Sung bola zabitá rukami japonských vrahov. V dôsledku tohto sporu medzi kľúčovými národnými vodcami Kórea stratila svoju moc a padla pod nadvládu Japonska.

Spory sa môžu vyskytnúť aj medzi manželmi alebo rodičom a dieťaťom. Ak obaja manželia chcú, aby ten druhý plnil ich želania, môže to spôsobiť svár, a dokonca viesť k odlúčeniu. Existujú dokonca prípady, kedy sa manželia vzájomne súdia a stávajú sa celoživotnými nepriateľmi. Ak je spor v cirkvi, začne sa satanovo dielo a zabraňuje to tomu, aby cirkev rástla, a aby všetky časti cirkvi fungovali správne.

Keď čítame Bibliu, často sa stretávame s konfliktami a spormi. V 2 Sam 18, 7 vidíme, že Dávidov syn Absalóm viedol povstanie proti Dávidovi a bolo zabitých dvadsaťtisíc mužov, a to všetko sa stalo v jeden deň. Navyše, po smrti Šalamúna sa Izrael rozdelil na severné Izraelské kráľovstvo a južné Judské kráľovstvo, a aj napriek tomu svár a vojna pokračovali. Najmä v severnom Izraelskom kráľovstve bol trón neustále ohrozovaný sporom. A tak, vediac, že spory vedú k bolesti a zničeniu, dúfam, že sa vždy budete usilovať o prospech druhých a o pokoj.

Ďalší výraz „žiarlivosť" je to, keď sa človek vzdiali od iných ľudí a nenávidí ich, pretože im závidí, mysliac si, že sa majú lepšie ako on. Keď žiarlivosť rastie, môže prerásť do hnevu plného zla. To môže spôsobiť spory, ktoré vedú k roztržkám.

V Biblii nájdeme príbeh, kde dve Jákobove manželky, Lea a Ráchel, na seba žiarlili a Jákob bol medzi nimi (Gn 30). Kráľ Saul žiarlil na Dávida, ktorý bol ľuďmi milovaný viac ako Saul (1 Sam 18, 7 - 8). Kain žiarlil na svojho brata Ábela a zabil ho (Gn 4, 1 - 8). Žiarlivosť pochádza zo zla v srdci človeka, ktoré ju vyvoláva preto, aby uspokojilo jeho chamtivosť.

Najjednoduchší spôsob, ako zistiť, či v sebe máte žiarlivosť, je zistiť, či sa niekedy cítite nepríjemne, keď sa inému človeku darí a má sa dobre. Navyše, môžete mať prestať druhého človeka radi a chcete mať to, čo má on. Taktiež, ak sa niekedy porovnávate s iným človekom a cítite sa odradení, koreňom tohto problému je žiarlivosť. Keď je tento človek podobného veku, viery, má podobné skúsenosti a zázemie alebo vyrastal v podobnom prostredí, je obzvlášť ľahké cítiť voči tomuto človeku žiarlivosť. Ako nám Boh prikázal „milujte svojho blížneho ako seba samého", ak je iný človek pochválený, lebo je v niečom lepší ako my, Boh chce, aby sme sa radovali spolu s ním. Chce, aby sme boli takí radostní, ako keby sme boli pochválení my sami.

„Výbuchy hnevu" sú prejavy hnevu, ktoré siahajú nad rámec nahnevania sa vo vnútri a snahu udržať to v sebe. Často majú zničujúce následky. Napríklad, ľudia sa môžu ľahko rozhnevať vždy, keď niečo nesúhlasí s ich vlastným názorom alebo myšlienkami a môžu použiť násilie, či dokonca niekoho zabiť. Cítiť sa frustrovaným a vyjadriť túto frustráciu nezabraňuje spáse; ak však máte zlú povahu hnevu, môžete konať s výbuchmi hnevu. Preto toto zlo musíte vytiahnuť aj s koreňmi a odhodiť ho.

Toto je prípad kráľa Saula, ktorý začal žiarliť na Dávida a vytrvalo sa ho pokúšal zabiť len preto, že od ľudí dostával chválu – chválu, ktorú si zaslúžil! Biblia na viacerých miestach spomína, ako mal Saul výbuchy hnevu. Raz po Dávidovi hodil kopiju (1 Sam 18, 11). Len preto, že mesto Nób pomohlo Dávidovi pri úteku, Saul mesto zničil. Bolo to mesto kňazov a Saul zabil nielen mužov, ženy, deti a dojčatá; tiež zabil voly, osly a ovce (1 Sam 22, 19). Ak sa takto veľmi nahneváme, hromadíme si obrovské množstvo hriechu.

4) Spory, nezhody, frakcie

„Spory" spôsobujú rozdelenie ľudí. Ak z niečoho nemajú osoh, vytvoria skupiny. Neodkazuje to len na osoby, ktoré sú si blízke, majú niečo spoločné alebo sa často stretávajú. Ide o nepriateľské skupiny, v ktorých členovia klebetia, kritizujú, posudzujú a odsudzujú. Tieto skupiny sa môžu vytvoriť v rámci rodiny, na sídlisku, a dokonca aj v cirkvi.

Ak, napríklad, niekto nemá rád svojich služobníkov a začne o nich hovoriť s okruhom ľudí, ktorí majú rovnaký názor, potom je to „synagóga satana". Pretože títo ľudia bránia v práci služobníkov, keď ich súdia a odsudzujú, cirkev, ktorej slúžia, nemôže zažiť oživenie.

„Nezhody" predstavujú vytváranie frakcií a oddelenie sa od ostatných, pričom nasledujeme iba vlastnú vôľu a myšlienky. Príkladom je spôsobenie rozdelenia v cirkvi. Toto je skutok, ktorý je v rozpore s dobrou vôľou Boha, pretože je to spôsobené silným názorom, že iba myslenie daného človeka je jediný správny spôsob myslenia a všetko musí byť prispôsobené tomu, aby tento človek dosiahol vlastný prospech.

Dávidov syn Absalóm zradil svojho otca a vzbúril sa proti nemu (2 Sam 15), pretože nasledoval vlastnú chamtivosť. Počas tohto povstania sa mnohí Izraeliti, dokonca aj Dávidov poradca

Ahitofel, pridali k Abšalómovi a spolu zradili Dávida. Boh opúšťa takých ľudí, ktorí sa podieľajú na skutkoch tela. Preto bol Abšalóm a všetci muži, ktorí sa k nemu pridali, nakoniec porazení a čelili nešťastnému koncu.

„Kacírstvo" je skutok popierania Pána, ktorý vykúpil ľudí, a tým si takí ľudia na seba privolávajú rýchlu skazu (2Pt 2, 1). Ježiš Kristus prelial jeho krv, aby nás zachránil, keď sme žili v hriechu. Preto je správne povedať, že nás vykúpil jeho krvou. Ak teda tvrdíme, že veríme v Boha, ale popierame Najsvätejšiu Trojicu, alebo popierame Ježiša Krista, ktorý nás vykúpil jeho krvou, potom na seba privolávame skazu.

Sú chvíle, kedy ľudia, bez toho, aby poznali pravú definíciu kacírstva, obviňujú a odsudzujú iných ľudí z kacírstva len preto, že sa od nich trochu odlišujú. Je to však veľmi nebezpečná vec a môže spadať do kategórie zabraňovania diel Ducha Svätého. Ak niekto verí v Božiu Trojicu - Otca, Syna a Ducha Svätého a nepopiera Ježiša Krista, nemôžeme ho odsúdiť za kacíra.

5) Závisť, vraždy, opilstvo, hýrenie

„Závisť" je žiarlivosť prejavená v skutku. Žiarlivosť znamená odmietať druhých a nemať ich radi, keď sa im darí, a závisť je o krok ďalej, keď toto odmietanie vyvoláva u niekoho uskutočnenie skutkov, ktoré škodia ostatným. Zvyčajne sa závisť najčastejšie vyskytuje u žien, ale samozrejme sa môže vyskytnúť aj u mužov; a ak naďalej rastie, môže to viesť k vážnym hriechom, ako je vražda. Dokonca aj vtedy, keď nedôjde k vražde, môže zájsť až tak ďaleko ako zastrašovanie alebo ubližovanie druhej osobe, alebo iným zlým skutkom, ako je sprisahanie sa proti inej osobe alebo ľuďom.

Ďalej je tu „opilstvo". V Biblii je scéna po treste potopou, kde Noe pil víno, opil sa a urobil chybu. Noemovo opilstvo v konečnom dôsledku spôsobilo, že Noe preklial svojho druhého syna po tom, čo jeho slabosť vyšla navonok. Ef 5, 18 hovorí: „A neopíjajte sa vínom, lebo v ňom je samopašnosť, ale buďte naplnení Duchom." To znamená, že opilstvo je hriech.

Dôvod, prečo Biblia zaznamenáva ľudí, ktorí pili víno, je to, že v Izraeli je veľa suchých oblastí a voda je veľmi vzácna. Preto boli vyrábané nápoje z čistej šťavy z hrozna a iného ovocia s vysokým obsahom sladkých koncentrátov (Dt 14, 26). Izraeliti však pili toto víno namiesto vody; ale nie až toľko, aby sa z neho opili. Ale v dnešnej dobe, kedy je dostatok pitnej vody, naozaj nemáme potrebu piť víno alebo alkohol.

V Biblii vidíme, že Boh nemal v úmysle, aby veriaci pili silné nápoje ako víno (Lv 10, 9; Rim 14, 21). Prís 31, 4 - 6 hovoria: „Nepatrí sa kráľom, Lemuel, kráľom sa nepatrí piť víno a panovníkom opojný nápoj, aby azda pri popíjaní nezabudli na príkazy a neprekrútili právo všetkých chudobných. Dávajte opojný nápoj hynúcemu a víno tým, čo majú trpký život."

Môžete povedať: „Nie je v poriadku piť dosť, ale nie dosť na to, aby sme sa opili?" Ale aj keď pijete len trochu, „opijete sa len trochu". Aj tak sa opijete, aj keď „len málo". Keď sa opijete, stratíte sebakontrolu, takže aj keď ste normálne pokojným a miernym človekom, keď ste opití, môžete sa stať násilní. Niektorí ľudi začnú rozprávať a konať hrubo, alebo dokonca spôsobujú scény. Aj preto, že opilstvo spôsobuje nedostatok rozumu a obozretnosti, niektorí ľudia môžu skončiť s rôznymi hriechmi. Veľmi často vidíme, ako si ľudia nadmerným pitím zničia zdravie a niektorí sa stanú alkoholikmi, čím prinášajú bolesť nielen sebe, ale aj do životov ich blízkych. Ale v mnohých prípadoch, aj keď ľudia vedia, ako môže byť pitie škodlivé, akonáhle začnú, nedokážu prestať, a aj naďalej pijú a ničia si životy. To je dôvod, prečo je „opilstvo" zahrnuté v zozname „skutkov tela".

Niekoľko vecí patrí do kategórie „hýrenie". Ak je niekto taký zaujatý pitím, hraním o peniaze, hazardnou hrou, a podobne, že si nedokáže plniť povinnosti ako hlava domácnosti alebo rodičovskú starostlivosť o dieťa, potom to Boh považuje za „hýrenie". Zároveň, nemať sebaovládanie, hľadať sexuálny pôžitok a viesť nemorálny životný štýl alebo žiť, ako sa nám zachce, tiež spadá pod „hýrenie".

Ďalším problémom v dnešnej spoločnosti je posadnutosť ľudí povrchnými luxusnými výrobkami a značkami, ktoré spôsobujú, že páchajú „hýrenie". Ľudia kupujú značkové kabelky, oblečenie, obuv, atď., ktoré si nemôžu dovoliť a používajú na to kreditné karty, čo vedie k obrovskému dlhu. Keď nemajú ako dlh splácať, niektorí ľudia dokonca páchajú zločiny alebo samovraždu. To je prípad ľudí, ktorí nemajú sebakontrolu nad svojou chamtivosťou, páchajú hýrenie, a potom doplácajú na dôsledky.

6) A podobne...

Boh nám hovorí, že okrem už spomenutých skutkov tela, existuje ešte veľa iných. Ale mysliac si: „Ako sa môžem zbaviť všetkých týchto hriechov?," nemali by sme to vzdávať hneď na začiatku. Dokonca, aj keď máte veľa hriechov a v srdci sa pevne rozhodnete a s vytrvalosťou sa budete snažiť týchto hriechov zbaviť, môžete sa ich zbaviť úplne. Ak sa budete snažiť nepáchať skutky tela, tvrdo pracovať na tom, aby ste konali len dobré skutky a nepretržite sa modliť, dostanete Božiu milosť a získate moc sa premeniť. Nie je to možné mocou človeka; ale všetko je možné mocou Boha (Mk 10, 27).

Čo sa stane, ak žijete ako svetskí ľudia v hriechu a hýrení, aj keď ste počuli a viete, že nemôžete zdediť Božie kráľovstvo, ak budete pokračovať v páchaní skutkov tela? Potom ste telesným človekom, presnejšie „plevami", a nemôžete získať spásu. 1 Kor 15, 50 hovorí: „No toto vyhlasujem, bratia, že telo a krv nemôžu zdediť Božie kráľovstvo, ani porušiteľnosť nezdedí neporušiteľnosť." Tiež 1 Jn 3, 8 hovorí: „Kto pácha hriech, je z diabla, lebo diabol hreší od počiatku. Boží Syn sa zjavil nato, aby maril diablove skutky."

Musíme pamätať, že ak pácháme skutky tela a múr hriechu medzi Bohom a nami neustále rastie, potom sa nemôžeme stretnúť s Bohom, nedostaneme odpovede na naše modlitby ani nemôžeme zdediť Božie kráľovstvo, teda nebo.

Avšak, iba preto, že sme prijali Ježiša Krista a dostali dar Ducha Svätého, neznamená to, že môžete naraz odhodiť všetky skutky tela. Ale s pomocou Ducha Svätého sa musíte pokúsiť žiť život svätosti a modliť sa s ohňom Ducha Svätého. Potom budeme schopní odhodiť skutky tela, jeden po druhom. Aj keď v sebe ešte stále máte nejaké skutky tela, ktoré ste ešte nedokázali odhodiť, ak sa budete zo všetkých síl snažiť, Boh vás nebude nazývať telesným človekom, ale nazve vás jeho dieťaťom, ktoré sa stalo spravodlivým z viery a povedie vás k spáse.

Ale to neznamená, že by ste mali zostať na úrovni pokračovania v páchaní skutkov tela. Musíte sa snažiť nielen odhodiť tie skutky tela, ktoré sú viditeľné navonok, ale mali by ste sa tiež pokúsiť odhodiť telesné veci, ktoré nie sú navonok viditeľné. V dobe Starého zákona bolo ťažké odhodiť telesné veci, pretože Duch Svätý ešte neprišiel a museli to dokázať vlastnými silami. Ale teraz, v dobe Nového zákona, môžeme s pomocou Ducha Svätého odhodiť telesné veci a stať sa svätými.

Je to preto, že Ježiš Kristus nám už odpustil všetky naše hriechy tým, že prelial jeho krv na kríži a poslal nám Ducha Svätého, Tešiteľa. Preto sa modlím, aby ste dostali pomoc Ducha Svätého a odhodili všetky skutky tela a telesné veci, a boli tak uznaní za pravé Božie deti.

Kapitola 4

„Prinášajte ovocie primerané pokániu"

„Vtedy prichádzali k nemu obyvatelia Jeruzalema, ba celého Judska a celého okolia Jordánu. Vyznávali svoje hriechy a on ich krstil v rieke Jordán. Keď zbadal, že aj mnohí farizeji a saduceji prichádzajú k jeho krstu, povedal im: „Vreteničie plemeno, kto vám ukázal, ako uniknúť pred budúcim hnevom? Prinášajte ovocie primerané pokániu a nemyslite si, že si môžete povedať: „Máme otca Abraháma." Lebo hovorím vám, že Boh môže stvoriť Abrahámovi deti aj z týchto kameňov. Sekera je už položená na korene stromov. Každý strom, ktorý neprináša dobré ovocie, bude vyťatý a hodený do ohňa.""
(Mt 3, 5 - 10)

Ján bol prorok, ktorý sa narodil pred Ježišom, a ktorý „pripravoval cestu Pánovi". Ján poznal jeho životné poslanie. Keď nadišiel čas, usilovne šíril posolstvá o Ježišovi, prichádzajúcom Mesiášovi. Vtedy Židia čakali na Mesiáša, ktorý by zachránil ich národ. To je dôvod, prečo Ján kázal v judskej púšti: „Kajajte sa, lebo sa priblížilo nebeské kráľovstvo" (Mt 3, 2). A tých, ktorí konali pokánie z ich hriechov, krstil vodou a viedol ich k prijatiu Ježiša ako ich Spasiteľa.

Mt 3, 11 - 12 hovorí: „Ja vás síce krstím vodou na pokánie, ale ten, čo prichádza po mne, je mocnejší ako ja. Nie som hoden ani len nosiť mu sandále. On vás bude krstiť Duchom svätým a ohňom. Má v ruke vejačku a prečistí namlátené zrno; pšenicu zhromaždí do sýpky, no plevy spáli v neuhasiteľnom ohni." Ján vopred ohlasoval ľuďom, že Ježiš, Boží Syn, ktorý prišiel na tento svet, je náš Spasiteľ a bude naším posledným Sudcom.

Keď Ján videl, že mnohí farizeji a saduceji prichádzali byť pokrstení, nazval ich „vreteničím plemenom" a pokarhal ich. Urobil to preto, lebo spásu mohli získať iba vtedy, keď prinášali správne ovocie primerané pokániu. Teraz sa pozrieme bližšie na Jánovo pokarhanie, aby sme presne videli, aké druhy ovocia musíme prinášať, aby sme získali spásu.

Vreteničie plemeno

Farizeji aj saduceji boli odvetvím judaizmu. Farizeji samých seba označili za tých, ktorí sú „oddelení". Verili v zmŕtvychvstanie spravodlivých a v súd bezbožných; prísne dodržiavali Mojžišov zákon a tradície starších. Preto bolo ich postavenie v spoločnosti významné.

Na druhej strane, saduceji boli aristokratickí kňazi, ktorých záujmy boli hlavne v chráme a ich názory a zvyky boli odlišné od názorov a zvykov farizejov. Boli zodpovední za udržiavanie politickej situácie pod rímskou vládou a odmietali uveriť vo vzkriesenie, večnú dušu, anjelov a duchovné bytosti. Dokonca, aj Božie kráľovstvo videli ako dočasné.

V Mt 3, 7: „Vreteničie plemeno, kto vám ukázal, ako uniknúť pred budúcim hnevom?" Prečo si myslíte, že ich Ján nazval „vreteničím plemenom", keď samých seba považovali za veriacich v Boha?

Farizeji a saduceji tvrdili, že veria v Boha a vyučovali zákon. Avšak, nespoznali Božieho Syna, Ježiša. Preto Mt 16, 1 - 4 hovorí: „Nato prišli farizeji a saduceji a pokúšali ho. Žiadali, aby im ukázal znamenie z neba. On im však odpovedal: „Keď nastane večer, hovoríte: „Bude pekne, nebo sa červenie." A ráno: „Dnes bude nečas, nebo je červené a zachmúrené." Vzhľad oblohy viete posúdiť a znamenia čias neviete? Zlé a cudzoložné pokolenie si žiada znamenie, ale znamenie nedostane, iba ak Jonášovo znamenie. Nechal ich tam a odišiel.""

Taktiež, Mt 9, 32 - 34 hovorí: „Keď vychádzali, priviedli k nemu nemého človeka, posadnutého démonom. Po tom, čo Ježiš vyhnal démona, nemý prehovoril. Zástupy sa čudovali a hovorili: „Niečo také sa v Izraeli ešte nikdy nestalo!" Farizeji však hovorili: „S pomocou vládcu nad démonmi vyháňa démonov."" Dobrý človek by sa radoval a vzdal slávu Bohu, pretože Ježiš vyhnal démona. Ale farizeji nenávideli Ježiša, súdili ho a odsúdili, hovoriac, že koná dielo diabla.

V Mt 12 sa stretávame so scénou, v ktorej sa ľudia snažili nájsť nejaký dôvod, aby obvinili Ježiša, a položili mu otázku, či je správne uzdraviť niekoho v sobotu. Keďže Ježiš poznal ich zámery, povedal im podobenstvo o ovciach, ktoré padli do jamy v sobotu, aby ich naučil, že je správne v sobotu konať dobré skutky. Potom uzdravil muža, ktorého ruka bola uschnutá. Avšak, namiesto toho, aby sa z tejto udalosti poučili, snuli plány, aby sa Ježiša zbavili. Žiarlili na Ježiša, pretože konal veci, ktoré oni nedokázali.

1 Jn 3, 9 - 10 hovorí: „Kto sa narodil z Boha, nepácha hriech, lebo jeho semeno je v ňom; a nemôže hrešiť, pretože sa narodil z Boha. Podľa toho možno poznať Božie deti a deti diabla: Ten, kto nekoná spravodlivo, nie je z Boha; ani ten, kto nemiluje svojho brata." To znamená, že človek, ktorý pácha hriechy, nie je z Boha.

Farizeji a saduceji tvrdili, že veria v Boha, a napriek tomu boli plní zla. Páchali telesné veci, ako žiarlivosť, nenávisť, pýcha, súdenie a odsudzovanie. Navyše páchali aj skutky tela. Snažili sa iba o rešpektovanie zákona ako formalitu a túžili po svetskej cti. Boli pod vplyvom satana, starého hada (Zjv 12, 9); a tak, keď ich Ján Krstiteľ nazval „vretenicím plemenom", to je to, čo tým myslel.

Prinášať ovocie primerané pokániu

Ak sme Božími deťmi, mali by sme žiť vo svetle, pretože Boh je Svetlo (1 Jn 1, 5). Ak žijeme v tme, ktorá je v rozpore so Svetlom, nie sme Božie deti. Ak nebudeme konať v spravodlivosti, ktorou je Božie Slovo, alebo ak nebudeme milovať našich bratov vo viere, potom nie sme z Boha (1 Jn 3, 10). Takíto ľudia nemôžu dostať odpovede na ich modlitby. Nemôžu získať spásu, ani zažiť Božie dielo.

Jn 8, 44 hovorí: „Vaším otcom je diabol a chcete plniť žiadosti svojho otca. On bol od počiatku vrahom ľudí a nestál v pravde, lebo v ňom niet pravdy. Keď hovorí lož, hovorí z toho, čo mu je vlastné, pretože je luhár a otec lži."

Kvôli Adamovej neposlušnosti sa celé ľudstvo rodí ako deti nepriateľa diabla, ktorý je vládcom tmy. Len tí, ktorí získavajú odpustenie tým, že uveria v Ježiša Krista, znovu sa narodia ako Božie deti. Ak však tvrdíte, že veríte v Ježiša Krista, a napriek tomu je vaše srdce aj naďalej plné hriechov a zla, nemôžete byť nazývaní pravými Božími deťmi.

Ak sa chceme stať Božími deťmi a získať spásu, musíme rýchlo konať pokánie zo všetkých skutkov tela a telesných vecí, ktoré sme spáchali, a prinášať správne ovocie primerané pokániu tým, že budeme konať podľa želaní Ducha Svätého.

Nepredpokladajte, že Abrahám je váš otec

Po kázaní farizejom a saducejom, aby prinášali ovocie primerané pokániu, Ján Krstiteľ pokračoval: „A nemyslite si, že si môžete povedať: Máme otca Abraháma. Lebo hovorím vám, že Boh môže stvoriť Abrahámovi deti aj z týchto kameňov." (Mt 3, 9)

Aký je duchovný význam tohto verša? Potomok Abraháma by mal pripomínať Abraháma. Ale na rozdiel od Abraháma, otca viery a spravodlivého človeka, farizeji a saduceji boli v ich srdciach plní bezbožnosti a nespravodlivosti. Aj keď páchali zlé skutky a poslúchali diabla, považovali samých seba za Božie deti. To je dôvod, prečo ich Ján pokarhal porovnaním s Abrahámom. Boh sa pozerá do vnútra ľudského srdca, nie na vonkajší vzhľad (1 Sam 16, 7).

Rim 9, 6 - 8 hovorí: „To však neznamená, že Božie slovo stratilo účinnosť. Veď nie všetci, ktorí sú z Izraela, sú Izrael. Ani deťmi nie sú všetci len preto, že sú potomstvom Abraháma, ale: PODĽA IZÁKA SA BUDE VOLAŤ TVOJE POTOMSTVO. To znamená, že Božími deťmi nie sú deti tela, ale za potomstvo sa pokladajú deti prisľúbenia."

Otec Abrahám mal mnoho synov; avšak, iba potomkovia Izáka sa stali Abrahámovými pravými potomkami - potomkami prísľubu. Farizeji a saduceji boli krvou Izraelitmi, ale na rozdiel od Abraháma nezachovávali Božie Slovo. Takže duchovne povedané, nemohli byť uznaní za pravé deti Abraháma.

A rovnako, len preto, že niekto prijíma Ježiša Krista a chodí do kostola, neznamená, že sa automaticky stane Božím dieťaťom. Božie dieťa predstavuje človeka, ktorý skrze vieru získal spásu. Navyše, mať vieru neznamená iba počúvať Božie slovo. Znamená to zachovávať ho. Ak ústami vyznávame, že sme jeho dieťaťom, a napriek tomu sú naše srdcia plné nespravodlivosti, ktorú Boh nenávidí, nemôžeme sa nazývať Božími deťmi.

Ak by Boh chcel deti, ktoré konajú zlo, ako farizeji a saduceji, vybral by si za svoje deti neživé kamene, ktoré sa povaľujú na zemi. Ale to nebola Božia vôľa.

Boh chcel mať pravé deti, s ktorými by sa mohol deliť o jeho lásku. Chcel deti ako Abrahám, ktorý miloval Boha a úplne poslúchal jeho Slovo, a ktorý konal vždy v láske a dobrote. Je to preto, že ľudia, ktorí zo svojich sŕdc neodhodia zlo, nemôžu byť pre Boha skutočnou radosťou. Ak budeme žiť ako farizeji a saduceji nasledovaním vôle diabla namiesto Božej vole, potom Boh nemusel vložiť toľko úsilia do stvorenia človeka a jeho kultivácie. Mohol vziať kamene a premeniť ich na Abrahámových potomkov!

„Každý strom, ktorý neprináša dobré ovocie, bude vyťatý a hodený do ohňa"

Ján Krstiteľ povedal farizejom a saducejom: „Sekera je už položená na korene stromov. Každý strom, ktorý neprináša dobré ovocie, bude vyťatý a hodený do ohňa" (Mt 3, 10). Ján tu hovorí to, že keďže Božie Slovo bolo ohlásené, každý bude súdený podľa jeho skutkov. Preto každý strom, ktorý neprináša dobré ovocie - ako farizeji a saduceji - bude hodený do pekelného ohňa.

V Mt 7, 17 - 21 Ježiš povedal: „Tak každý dobrý strom rodí dobré ovocie a zlý strom rodí zlé ovocie. Dobrý strom nemôže rodiť zlé ovocie, ani zlý strom nemôže rodiť dobré ovocie. Každý strom, ktorý nerodí dobré ovocie, vytnú a hodia do ohňa. Po ich ovocí ich teda poznáte. Nie každý, kto mi hovorí: „Pane, Pane!" vojde do nebeského kráľovstva, ale iba ten, kto plní vôľu môjho Otca, ktorý je v nebesiach."

Ježiš tiež povedal v Jn 15, 5 - 6: „Ja som vinič a vy ratolesti. Kto zostáva vo mne a ja v ňom, prináša veľa ovocia, pretože bezo mňa nemôžete nič urobiť. Ak niekto nezostáva vo mne, vyhodia ho von ako ratolesť a uschne. Potom ich pozbierajú, hodia do ohňa a zhoria." To znamená, že Božie deti, ktoré konajú podľa Božej vôle a prinášajú krásne ovocie, pôjdu do neba, ale tí ľudia, ktorí to nerobia, sú deťmi diabla a budú hodení do pekelného ohňa.

Keď Biblia hovorí o pekle, často používa slovo „oheň". Zjv 21, 8 hovorí: „Ale zbabelci, neveriaci, nemravníci, vrahovia, smilníci, čarodejníci, modloslužobníci a všetci luhári budú mať podiel v ohnivom jazere, horiacom sírou; to je tá druhá smrť." Prvá smrť je vtedy, keď sa skončí fyzický život človeka, a druhá smrť nastáva vtedy, keď duša, teda pán človeka, je odsúdená a padne do večného pekelného ohňa, ktorý nikdy neuhasína.

Peklo tvorí ohnivé jazero a jazero horiacej síry alebo len „síry". Tí ľudia, ktorí neveria v Boha, a tí, ktorí tvrdia, že v neho veria, ale konajú nespravodlivo a neprinášajú ovocie primerané pokániu, nemajú s Bohom nič spoločné. A preto skončia v ohnivom jazere v pekle. Tí ľudia, ktorí vykonali niečo také zlé, že je to ľudsky neprestaviteľné, veľmi vážne stáli proti Bohu alebo pôsobili ako falošní proroci a spôsobili pád mnohých ľudí do pekla, skončia v jazere horiaceho síry, ktoré je sedemkrát horúcejšie ako ohnivé jazero (Zjv 19, 20).

Niektorí ľudia tvrdia, že akonáhle dostanete dar Ducha Svätého a vaše meno bude zaznamenané v knihe života, určite budete v každom prípade spasení. To však nie je pravda. Zjv 3, 1 hovorí: „Poznám tvoje skutky; máš meno, že žiješ, ale si mŕtvy." Zjv 3, 5 hovorí: „Kto zvíťazí, bude oblečený do bieleho rúcha a jeho meno nevymažem z knihy života. Jeho meno vyznám pred svojím Otcom i pred jeho anjelmi." Spojenie „máš meno, že žiješ" sa týka tých, ktorí prijali Ježiša Krista a ich meno bolo zaznamenané v knihe života. Táto pasáž však ukazuje, že ak niekto pácha hriechy a kráča cestou smrti, jeho meno môže byť z knihy vymazané.

V Ex 32, 32 - 33 vidíme scénu, kde sa v dôsledku modloslužobníctva Boh nahneval na Izraelitov a bol na pokraji ich zničenia. Vtedy Mojžiš prosil za synov Izraela, aby im Boh odpustil - aj keď by to znamenalo, že vymaže jeho meno z knihy života. A vtedy Boh povedal: „Zo svojej knihy vytriem toho, kto zhrešil proti mne" (Ex 32, 33). To znamená, že aj keď bolo vaše meno zapísané v knihe, môže byť vymazané, ak sa od Boha vzdialite.

V celej Biblii je veľa pasáží, ktoré hovoria o oddelení pšenice od pliev spomedzi veriacich. Mt 3, 12 hovorí: „Má v ruke vejačku a prečistí namlátené zrno; pšenicu zhromaždí do sýpky, no plevy spáli v neuhasiteľnom ohni." Taktiež, Mt 13, 49 - 50 hovorí: „Tak to bude aj na konci sveta: Vyjdú anjeli, oddelia zlých od spravodlivých a uvrhnú ich do ohnivej pece. Tam bude plač a škrípanie zubami."

Tu sa „spravodlivý" vzťahuje na veriacich a „zlí medzi spravodlivými" sa týka tých, ktorí tvrdia, že sú veriaci, ale ako plevy majú mŕtvu vieru, to znamená, vieru bez skutkov. Títo ľudia budú hodení do pekelného ohňa.

Ovocie primerané pokániu

Ján Krstiteľ nabádal ľudí, aby nielen konali pokánie, ale zároveň prinášali ovocie primerané pokániu. Čo je teda ovocie primerané pokániu? Je to ovocie svetla, ovocie Ducha Svätého a ovocie lásky, ktoré sú krásnym ovocím pravdy.

Môžeme sa o tom dočítať v Gal 5, 22 - 23: „No ovocie Ducha je láska, radosť, pokoj, trpezlivosť, láskavosť, dobrota, vernosť, miernosť, sebaovládanie. Proti takýmto veciam nie je zákon." Ef 5, 9 hovorí: „Veď ovocie svetla je vo všetkej dobrote, spravodlivosti a pravde." Spomedzi všetkých týchto druhov sa pozrieme na deväť ovocí Ducha Svätého, čo je výborným príkladom tohto „dobrého ovocia".

Prvým ovocím je láska. 1 Kor 13 nám hovorí, čo je pravá láska, slovami: „láska je trpezlivá, láska je dobrotivá, nezávidí, láska sa nevystatuje a nenadúva; nespráva sa neslušne, nehľadá svoj prospech, nerozčuľuje sa, nepočíta krivdy" (v 4 - 5). Inými slovami, pravá láska je duchovná láska. Navyše, tento druh lásky je obetavou láskou, s ktorou by človek dal aj vlastný život za Božie kráľovstvo a jeho spravodlivosť. Človek môže získať takúto lásku do tej miery, do akej odhodí hriech, zlo a bezprávie a posvätí sa.

Druhým ovocím je radosť. Ľudia, ktorí prinášajú ovocie radosti, sú radostní nielen vtedy, keď sa im vo všetkom darí, ale majú radosť za každých okolností a v každej situácii. Vždy sú radostní s nádejou na nebo. Preto sa neboja; a bez ohľadu na to, aké problémy ich stretnú, modlia sa s vierou, a tak dostávajú odpovede na ich modlitby. Pretože veria, že všemohúci Boh je ich Otcom, môžu sa vždy radovať, nepretržite sa modliť a za každých okolností ďakovať.

Tretím ovocím je pokoj. Osoba s týmto ovocím má srdce, ktoré nikomu neubližuje. Pretože takíto ľudia nemajú v sebe nenávisť, sklon k boju alebo k hádke, egoizmus alebo sebectvo, môžu ostatných postaviť na prvé miesto, obetovať sa im, slúžiť im a zaobchádzať s nimi s láskavosťou. V dôsledku toho môžu mať neustále pokoj.

    Štvrtým ovocím je trpezlivosť. Prinášať toto ovocie znamená byť trpezlivým v pravde prostredníctvom chápania a odpustenia. To neznamená „vyzerať" trpezlivo tým, že v sebe dusíme hnev, ktorý v našom vnútri vrie. Znamená to odhodiť zlo, ako je hnev a zúrivosť, a namiesto toho sa naplniť dobrotou a pravdou. Je to byť schopný pochopiť všetkých ľudí a prijať ich. A pretože osoba, ktorá prináša toto ovocie, nemá v sebe žiadne negatívne pocity, slová ako „odpúšťať" a „byť trpezlivý" nie sú vôbec potrebné. Toto ovocie sa netýka len vzťahov s ľuďmi, ale tiež znamená byť trpezlivým so sebou samým, keď odhadzujeme zlo v srdci a trpezlivo čakať, kým nie sú vyslyšané modlitby a prosby, ktoré sme k Bohu vzniesli.

Piatym ovocím je láskavosť a znamená to byť chápavým, keď je niečo alebo niekto nepochopiteľné. Táto láskavosť tiež znamená odpúšťať, keď je nemožné odpustiť. Ak máte sebecké myšlienky alebo pocit, že máte neustále pravdu, nemôžete prinášať ovocie milosrdenstva. Až keď zapriete samých seba, všetko prijmete so širokým srdcom a s láskou sa staráte o iných ľudí, môžete skutočne chápať a odpúšťať.

Šieste ovocie je dobrota. Je to napodobňovanie Kristovho srdca: srdca, ktoré sa nikdy nehádá ani nevypína; poškodenú trstinu nedolomí ani hasnúci knôt nedohasí. Toto je pravé srdce, ktoré po odhodení všetkých hriechov vždy hľadá dobrotu v

Duchu Svätom.

Siedme ovocie je vernosť. Znamená to byť verným až na smrť - pokiaľ ide o boj proti hriechu a jeho odhodenie, aby sme v srdci dosiahli pravdu. Je to tiež lojálnosť a vernosť, pokiaľ ide o plnenie povinností v cirkvi, doma, práci alebo akýchkoľvek iných povinností, ktoré máte. Znamená to byť verný v „celom Božom dome".

Ôsme ovocie je miernosť. Ovocie miernosti znamená mať srdce, ktoré je jemné ako bavlna, čo umožňuje človeku prijať všetky typy ľudí. Ak dosiahnete mierne srdce, bez ohľadu na to, kto k vám príde a snaží sa vás uraziť, neurazíte sa ani vám to neublíži. Ako niekto hodí kúsok kameňa do veľkého kusu bavlny a tá ho len prikryje a obalí, ak prinášate ovocie miernosti, môžete prijať mnohých ľudí, ktorí k vám prídu, hľadajúc miesto odpočinku, a stať sa pre nich chládkom.

Ako posledné je tu ovocie sebaovládania. Ak prinášate ovocie sebaovládania, môžete si vychutnať stabilitu vo všetkých oblastiach vášho života. A v usporiadanom živote môžete v správnom čase prinášať všetky správne druhy ovocia. Preto sa môžete tešiť z krásneho a požehnaného života.

Pretože Boh chce, aby sme mali takéto krásne srdcia, v Mt 5, 14 povedal: „Vy ste svetlo sveta" a vo verši 16 hovoril: „Nech tak svieti vaše svetlo pred ľuďmi, aby videli vaše dobré skutky a oslavovali vášho Otca, ktorý je v nebesiach!" Ak budeme prinášať ovocie Svetla, ktoré je primerané pokániu tým, že skutočne žijeme vo svetle, potom naše životy budú pretekať všetkou dobrotou, spravodlivosťou a pravdou (Ef 5, 9).

Ľudia, ktorí prinášali ovocie primerané pokániu

Keď konáme pokánie z našich hriechov a prinášame ovocie primerané pokániu, potom to Boh uznáva ako vieru a požehná nás tým, že nám odpovie na naše modlitby. Boh nám dáva milosrdenstvo vtedy, keď konáme pokánie z hĺbky našich sŕdc.

Jób počas jeho súženia našiel v jeho srdci zlo a kajal sa v prachu a popole. Vtedy Boh uzdravil všetky boľavé vredy na jeho tele a požehnal ho dvojnásobným bohatstvom, ako mal predtým. Taktiež ho požehnal deťmi, ktoré boli ešte krajšie ako tie, ktoré mal predtým (kapitola 42). Keď Jonáš konal pokánie, keď bol uväznený v bruchu veľryby, Boh ho zachránil. Ľudia v Ninive sa postili a konali pokánie, keď boli v dôsledku ich hriechov upozornení na Boží hnev a Boh im odpustil (Jon 2-3). Ezechiášovi, 13. kráľovi južného Judského kráľovstva, Boh povedal: „Zomrieš a nezostaneš nažive." Avšak, keď v pokání volal, Boh predĺžil jeho život o 15 rokov (2 Kr 20).

A je to týmto spôsobom, že aj keď niekto spácha zlý skutok, ak z hĺbky srdca koná pokánie a skutočne sa odvráti od hriechu,

Boh prijme toto pokánie. Boh zachráni svoj ľud, ako je napísané v Ž 103, 12: „Ako je vzdialený východ od západu, tak vzďaľuje od nás naše neprávosti."

V 2 Kr 4 vidíme jednu zámožnú ženu v Šuneme, ktorá svojou pohostinnosťou verne slúžila prorokovi Elizeovi. Aj keď neprosila, dostala syna, ktorého si dlho želala. Neslúžila preto, aby dostala požehnanie, ale slúžila Elizeovi, pretože milovala Božieho služobníka, a starala sa o neho. Boh bol jej dobrým skutkom potešený a požehnal ju počatím.

Taktiež, v Sk 9 vidíme Tabitu, učeníčku, ktorá bola bohatá na skutky dobroty a lásky. Keď ochorela a zomrela, Boh použil Petra, aby ju priviedol späť k životu. Takým milujúcim deťom, ktoré prinášajú krásne ovocie, Boh túži odpovedať na ich modlitby a dať im jeho milosť a požehnanie.

Preto musíme jasne poznať Božiu vôľu a prinášať ovocie primerané pokániu. Potom by sme mali napodobňovať srdce nášho Pána a konať v spravodlivosti. Modlím sa, aby ste sa pri pohľade do seba Božím Slovom a zistení, že nejaká časť vášho života nie je v súlade s Božím Slovom, vrátili k Bohu, a prinášali ovocie Ducha Svätého, ovocie svetla a ovocie lásky, aby ste tak dostali odpovede na všetky vaše modlitby.

Slovník

Rozdiel medzi hriechom a zlom

„Hriech" je akýkoľvek skutok, ktorý nie je v súlade s vierou. Znamená nekonať správnu vec, aj keď vieme, že je to správna vec. V širšom zmysle to znamená, že všetko, čo nemá s vierou nič spoločné, je hriech; preto neveriť v Ježiša Krista je najväčší hriech.

„Zlo" je všetko, čo je neprijateľné, keď sa na seba pozrieme Božím Slovom, to znamená, všetko, čo je v rozpore s pravdou. Je to hriešna prirodzenosť, ktorá sa nachádza v srdci. Preto hriech je špecifickým, vonkajším vyjadrením alebo viditeľnou formou zloby vo vnútri srdca. Zlo je v podstate neviditeľné; preto sa hriech uskutočňuje ako dôsledok zla v srdci.

Čo je dobrota?

V slovníku je dobrota opísaná ako „stav alebo kvalita dobrej, morálnej dokonalosti, čnosti". Avšak, v závislosti od svedomia každého človeka môže byť štandard dobra odlišný. Preto absolútny štandard dobra musí byť v Slove Boha, ktorý je dobrota sama. Preto dobrota je pravda, a teda Božie Slovo. Je to jeho samotná vôľa a myšlienka.

Kapitola 5

„Sprotivte si zlo, pridŕžajte sa dobra"

*„Láska nech je nepokrytecká.
Sprotivte si zlo, pridŕžajte sa dobra."
(Rim 12, 9)*

V dnešnej dobe vidíme, že zlo existuje vo vzťahoch medzi rodičmi a ich deťmi, medzi manželmi, medzi bratmi a sestrami a medzi blízkymi. Ľudia sa navzájom súdia o svoje dedičstvo a v niektorých prípadoch pre vlastný prospech jeden druhého zradia. To spôsobuje nielen to, že sa na nich iní mračia; ale tiež na seba prinášajú veľké utrpenie. Preto Boh povedal: „Chráňte sa zla v akejkoľvek podobe!" (1 Tes 5, 22)

Svet nazýva človeka „dobrým", keď je morálne spravodlivý a svedomitý. Existuje však veľa prípadov, kedy dokonca dobrá morálka a svedomie nie sú veľmi dobré, keď sa na nich pozrieme Božím Slovom. Okrem toho, existujú chvíle, kedy ľudia skutočne odporujú samotnej vôli Boha. Jedna pravda, ktorú si musíme pamätať, je to, že Božie Slovo - a len jeho Slovo - je absolútnym štandardom pre „dobrotu". Preto všetko a čokoľvek, čo nie je úplne v súlade s Božím Slovom, je zlo.

Ako sa teda líšia hriech a zlo? Tieto dve veci sa zdajú byť podobné, ale sú odlišné. Napríklad, ak si vezmeme strom, zlo je ako korene, ktoré sú pod zemou a nie sú okom viditeľné, zatiaľ čo hriech je ako viditeľné časti stromu, ako vetvy, listy a ovocie. Ako strom môže žiť, pretože má korene, človek pácha hriechy kvôli zlu v jeho vnútri. Zlo je jednou z prirodzeností v srdci človeka a zahŕňa všetky znaky a podmienky, ktoré sú v rozpore s Bohom. Keď toto zlo nadobúda vyjadrenú podobu ako myšlienka alebo skutok, potom sa nazýva „hriechom".

Ako sa zlo zobrazuje v hriechu

Lk 6, 45 hovorí: „Dobrý človek vynáša dobro z dobrého pokladu srdca a zlý človek vynáša zlo zo zlého srdca, lebo jeho ústa hovoria to, čím je preplnené jeho srdce." Ak je v srdci „nenávisť", vychádza na povrch v podobe „sarkastických poznámok", „nevľúdnych slov" alebo iných špecifických hriechov podobných týmto. Aby sme videli, ako sa zobrazuje zlo, ktoré je vo vnútri srdca, v podobe hriechu, pozrieme sa bližšie na Dávida a Judáša Iškariotského.

Keď raz v noci kráľ Dávid kráčal pozdĺž strechy jeho paláca, videl kúpajúcu sa ženu a bol v pokušení. Nechal si ju zavolať a scudzoložil s ňou. Táto žena bola Batšeba a v tom čase jej manžel Uriah tam nebol, pretože odišiel do vojny. Keď Dávid zistil, že

Batšeba je tehotná, vymyslel plán, aby Uriah zomrel na bojisku a on si vzal Batšebu za ženu.

Samozrejme, že Dávid iba rozhodol, že Uriah pôjde vo vojne v prvej línii – on ho v skutočnosti nezabil – a v tom čase mal Dávid ako kráľ všetku moc a právomoc mať toľko žien, koľko chcel. Avšak, v srdci mal Dávid jasný úmysel, aby bol Uriah zabitý. Ak máte týmto spôsobom v niektorej oblasti svojho srdca zlo, môžete kedykoľvek spáchať hriech.

Následkom tohto hriechu zomrel syn, ktorého mal Dávid s Batšebou; a jeho druhý syn Absalóm ho oklamal a zradil. V dôsledku toho musel Dávid utiecť a Absalóm sa dopustil odporného skutku cudzoložstva s otcovými konkubínami za jasného dňa pred jeho ľudom. Kvôli tejto udalosti zomrelo mnoho ľudí v kráľovstve, vrátane Abšalóma. Hriech cudzoložstva a vraždy priniesol Dávidovi a jeho ľudu veľké súženie.

Judáš Iškariotský, jeden z dvanástich učeníkov Ježiša, je vynikajúcim príkladom zradcu. Počas troch rokov, ktoré strávil s Ježišom, videl všetky zázraky, ktoré sa môžu uskutočniť len vďaka Božej moci. Mal na starosti pokladnicu učeníkov a mal ťažkosti s odhodením chamtivosti z jeho srdca a z času na čas brával peniaze z pokladnice a používal ich podľa vlastných potrieb. Nakoniec, jeho chamtivosť spôsobila, že zradil svojho učiteľa a jeho vlastná vina spôsobila, že sa obesil.

Preto, ak je vo vašom srdci zlo, nikdy neviete, v akom tvare alebo v akej podobe vyjde na povrch. Dokonca, aj keď je to malá forma zla, ak rastie, satan ju môže využiť na to, aby vás priviedol k hriechu, ktorému sa vy sami nemôžete vyhnúť. Môžete skončiť zradením inej osoby, alebo dokonca Boha. Tento druh zla prináša bolesť a utrpenie vám a ľuďom okolo vás. To je dôvod, prečo musíte nenávidieť to, čo je zlé a odvrhnúť aj tú najmenšiu podobu zla. Ak nenávidíte to, čo je zlé, prirodzene sa vzdialite od toho zla, nebudete o tom premýšľať a nevykonáte to. Budete konať len dobro. Preto Boh povedal, aby ste nenávideli, čo je zlé.

Dôvod, prečo na nás príde choroba, skúšky, prekážky a súženia, je to, že sme spáchali skutky tela tým, že sme dovolili, aby zlo vo vnútri našich sŕdc bolo vyjadrené v hriechu. Ak nemáme kontrolu nad našimi srdciami a spáchame skutky tela, v Božích očiach sa nebudeme nijako líšiť od zvierat. Ak je to tak, čaká nás Boží hnev, a Boh nás potrestá, aby sme znova mohli byť ako ľudia, a nie ako zvieratá.

Odhodiť zlo a stať sa človekom dobroty

Skúšky a utrpenia neprichádzajú len kvôli myšlienkam nepravdy alebo telesným veciam, ktoré máme v srdci. Ale myšlienky sa môžu kedykoľvek stať skutkami tela (hriešnymi skutkami), a preto sa musíme telesných vecí zbaviť.

Ak niekto neverí v Boha ani po tom, čo videl zázraky ním uskutočnené, je to spomedzi všetkých druhov zla to najväčšie zlo. V Mt 11, 20 - 24 Ježiš odsúdil mestá, v ktorých sa uskutočnila väčšina jeho zázrakov, pretože nekonali pokánie. Chorazínu a Betsaide Ježiš povedal: „Hovorím vám" a varoval ich: „V súdny deň bude ľahšie Týru a Sidonu ako vám." A Kafarnaumu povedal: „V deň súdu bude ľahšie sodomskej krajine ako tebe."

Týrus a Sidon boli dve pohanské mestá. Betsaida a Chorazín boli izraelské mestá, severne od Galilejského mora. Betsaida je tiež rodným mestom troch učeníkov: Petra, Ondreja a Filipa. Toto je miesto, kde Ježiš otvoril oči slepému človeku, a kde vykonal veľký zázrak rozmnoženia dvoch rýb a piatich chlebov, ktorými nasýtil 5 000 ľudí. Keďže boli svedkami zázrakov, ktoré im dali viac ako dosť dôkazov na to, aby uverili v Ježiša, mali ho nasledovať, konať pokánie a podľa jeho učenia odhodiť zlo z ich sŕdc. Ale neurobili to. To je dôvod, prečo boli potrestaní.

To isté platí aj dnes. Ak človek zažije znamenia a zázraky, ktoré vykonáva Boží človek, a aj naďalej neverí v Boha, ale namiesto toho súdi a odsudzuje situáciu alebo Božieho človeka, potom tento človek podáva dôkaz o tom, že vo vnútri jeho srdca je zlo. Prečo teda nedokážu ľudia uveriť? Je to preto, že si musia podmaniť a odhodiť telesné veci, ale nerobia to. Namiesto toho páchajú skutky tela a hriechy. Čím viac hriechov spáchajú, tým ľahostajnejšie a zatvrdenejšie sa stávajú ich srdcia. Ich svedomie sa stáva necitlivým, a nakoniec je spálené ako horúcim železom.

Aj keď Boh uskutočňuje zázraky, aby ich ľudia videli, takíto ľudia nedokážu chápať a uveriť. Pretože vôbec nechápu, nemôžu konať pokánie, a pretože nekonajú pokánie, nemôžu prijať Ježiša Krista. Je to ako človek, ktorý kradne. Spočiatku sa tento človek bojí ukradnúť aj jeden malý objekt; ale po niekoľkonásobnom zopakovaní skutku nemá po krádeži veľkého objektu výčitky svedomia, pretože jeho srdce sa postupne zatvrdilo.

Ak milujeme Boha, je len správne, že odmietame zlo a držíme sa toho, čo je dobré. Aby sme to dokázali, najskôr musíme prestať páchať všetky skutky tela, a potom z našich sŕdc odhodiť všetky telesné veci.

A v tomto procese odhadzovania hriechu a zla si môžeme budovať vzťah s Bohom a získať jeho lásku (1 Jn 1, 7; 3, 9). Naše tváre budú vždy odrážať prekypujúcu radosť a vďakyvzdanie, budeme môcť byť uzdravení z akejkoľvek choroby a získať riešenie akýchkoľvek problémov, ktoré máme v našich rodinách, práci, podnikoch, atď.

Zlé a cudzoložné pokolenie, ktoré túži po znamení

V Mt 12, 38 - 39 vidíme, že niektorí zákonníci a farizeji žiadajú Ježiša, aby im ukázal znamenie. Ježiš im potom povedal, že zlá a cudzoložná generácia túži vidieť znamenie. Napríklad, existujú ľudia, ktorí hovoria: „Ak mi ukážeš Boha, uverím," alebo „Uverím, ak vzkriesiš mŕtveho človeka." Títo ľudia to nehovoria s nevinným srdcom, ktoré sa skutočne snaží uveriť. Hovoria to z pochybností.

Takže táto tendencia neveriť v pravdu alebo sklon ignorovať alebo pochybovať o niečom, čo je lepšie ako oni sami, alebo túžba odmietnuť čokoľvek, čo nesúhlasí s ich vlastným myslením alebo názormi, pochádza z duchovne cudzoložnej povahy. Zatiaľ čo ľudia, ktorí požadovali vidieť znamenie, odmietali uveriť, sprisahali sa a snažili sa nájsť na Ježišovi nejakú chybu - aby ho mohli súdiť a odsúdiť.

Čím viac vlastnej spravodlivosti, namyslenosti a sebectva v sebe ľudia majú, tým cudzoložnejšou sa to pokolenie stáva. Keď sa civilizácia stáva pokročilejšou ako dnes, viac ľudí požaduje vidieť zázraky. Existuje však mnoho ľudí, ktorí videli zázraky, ale aj tak neveria! Niet divu, že je toto pokolenie pokarhané za to, že je zlým a cudzoložným pokolením!

Ak nenávidíte zlo, nebudete konať zlo. Ak sa na vaše telo dostanú výkaly, umyjete ich. Hriech a zlo, ktoré ničia dušu a strhávajú ju na cestu smrti, sú dokonca špinavejšie, smradlavejšie a škaredšie ako výkaly. Nečistotu hriechov nemôžeme s výkalmi ani porovnávať.

Aké druhy zla by sme teda nemali nenávidieť? V Mt 23 Ježiš karhá zákonníkov a farizeov a hovorí im: „Beda vám..." Používa slovné spojenie „beda vám", aby tým naznačil, že nezískajú spásu. Dôvody rozdelíme do siedmich kategórií a podrobnejšie ich preskúmame.

Podoby zla, ktorým by sme sa mali vyhýbať

1. Zatvárať dvere neba, aby iní ľudia doň nemohli vstúpiť

V Mt 23, 13 Ježiš hovorí: „Beda vám, zákonníci a farizeji, pokrytci! Zatvárate nebeské kráľovstvo pred ľuďmi. Sami doň nevchádzate, a tým, čo by chceli vojsť, nedovolíte."
Zákonníci a farizeji poznali Božie Slovo a zaznamenávali ho a správali sa, ako keby dodržiavali Božie Slovo. Ale ich srdcia boli zatvrdené a Božie dielo konali len navonok - preto boli pokarhaní. Hoci mali všetky formality svätosti, ich srdcia boli plné bezprávia a zloby. Keď videli Ježiša uskutočňovať zázraky, ktoré sú ľudsky nemožné, namiesto toho, aby spoznali, kto je a radovali sa, vymýšľali rôzne druhy intríg, aby sa postavili proti nemu. Dokonca plánovali jeho smrť.
Toto platí aj pre ľudí v tomto veku. Ľudia, ktorí tvrdia, že

veria v Ježiša Krista, a napriek tomu nežijú príkladný život, patria do tejto kategórie. Ak niekto povie: „Nechcem veriť v Ježiša kvôli ľuďom, ako ste vy," potom ste človekom, ktorý zatvára nebeské kráľovstvo pred ľuďmi. Nielenže vy do neba nevchádzate, ale nedovolíte vojsť ani ostatným.

Aj ľudia, ktorí tvrdia, že veria v Boha, ale pokračujú v konaní kompromisov so svetom, patria medzi tých, ktorých Ježiš pokarhal. Ak v cirkevnej hierarchii človek s pozíciou vyučovať prejavuje nenávisť voči inej osobe, nahnevá sa alebo koná v neposlušnosti, ako sa môže nový kresťan pozrieť na tohto človeka a dôverovať mu, či dokonca ho rešpektovať? Pravdepodobne bude sklamaný a možno dokonca stratí vieru. Ak medzi neveriacimi sú takí, ktorých manželky alebo manželia sa snažia v ich viere rásť, a oni ich buď prenasledujú, alebo ich nútia konať zlo a podieľať sa na hriechu, tiež dostanú pokarhanie „beda vám".

2. Keď sa niekto stane novovercom, robíte ho dvakrát horším synom pekla, ako ste vy

V Mt 23, 15 Ježiš hovorí: „Beda vám, zákonníci a farizeji, pokrytci! Obchádzate more i zem, aby ste získali jedného novoverca, a keď sa ním stane, urobíte z neho syna pekla, dva razy horšieho ako ste sami."

Existuje staré príslovie, že nevesta, ktorej svokra spôsobovala ťažkosti, spôsobí svojej neveste ešte väčšie ťažkosti. To, čo človek vidí a zažíva, ukladá sa v jeho pamäti a podvedome koná podľa toho, čo zažil. To je dôvod, prečo je veľmi dôležité to, čo sa naučíte a od koho sa to naučíte. Ak sa naučíte kresťanstvu od ľudí, ako sú zákonníci a farizeji, potom ako slepý, ktorý vedie slepého, budete spolu s nimi páchať zlo.

Napríklad, ak vodca vždy súdi a odsudzuje ostatných, klebetí a hovorí negatívne, aj veriaci, ktorí sa od neho učia, budú poznačení jeho skutkami a spoločne pôjdu cestou smrti. V spoločnosti platí, že u detí, ktoré vyrastajú v domácnostiach, kde sa ich rodičia neustále hádajú a jeden druhého nenávidia, je väčšia pravdepodobnosť, že zídu z cesty, ako u detí, ktoré vyrastajú v pokojných domoch.

Preto musia byť rodičia, učitelia a ďalší vodcovia lepšími príkladmi. Ak slová a skutky týchto druhov ľudí nie sú príkladné, skutočne môžu spôsobiť potknutie iných. Dokonca, aj v cirkvi existujú prípady, keď služobník alebo vodca nie je dobrým príkladom a bráni duchovnej obnove alebo rastu jeho malej skupiny, oddelenia alebo organizácie. Musíme si uvedomiť, že ak toto robíme, spôsobujeme, že nielen my, ale aj iní ľudia sa stanú synovia pekla.

3. Ohlasovanie Božej vôle nesprávnym spôsobom v dôsledku chamtivosti a klamstva

V Mt 23, 16 - 22 Ježiš hovorí: „Beda vám, slepí vodcovia, ktorí hovoríte: Kto by prisahal na chrám, to nič nie je, ale toho, kto by prisahal na chrámové zlato, toho to už zaväzuje. Blázni a slepci, čože je väčšie: zlato, či chrám, ktorý to zlato posväcuje? Alebo: Kto by prisahal na oltár, to nič nie je. Ale toho, kto by prisahal na dar na ňom, to ho už zaväzuje. Slepci, čože je väčšie: dar, alebo oltár, ktorý ten dar posväcuje? Kto teda prisahá na oltár, prisahá naň i na všetko, čo je na ňom. A kto prisahá na chrám, ten prisahá naň i na toho, kto v ňom prebýva. A kto prisahá na nebo, prisahá na Boží trón i na toho, kto na ňom sedí."

Toto posolstvo je pokarhaním tých, ktorí falošne učia Božiu vôľu z chamtivosti, podvodu a zo sebectva v ich srdciach. Ak niekto dá Bohu sľub alebo prísahu, učitelia by ho mali poučiť, aby tento sľub dodržal, ale učitelia učili týchto ľudí, aby ich odsunuli bokom a dodržiavali len tie sľuby, ktoré urobili ohľadom peňazí alebo materiálnych majetkov. Ak služobník zanedbá naučiť ľudí, aby žili v pravde a zdôrazňuje iba dary, potom je vodcom, ktorý oslepol.

Ako prvé, vodca musí učiť ľudí konať pokánie z ich hriechov, dosiahnuť Božiu spravodlivosť, a tak vstúpiť do nebeského kráľovstva. Prisahať na chrám, Ježiša Krista, oltár a nebeský trón je rovnaké, preto si musíme byť istí, že túto prísahu budeme môcť dodržať.

4. Zanedbať, čo je závažnejšie v zákone

V Mt 23, 23 - 24 Ježiš hovorí: „Beda vám, zákonníci a farizeji, pokrytci! Dávate desiatky z mäty, kôpru a rasce, ale zanedbali ste to, čo je závažnejšie v zákone: spravodlivosť, milosrdenstvo a vernosť. Toto bolo treba robiť, ale tamto nezanedbávať. Slepí vodcovia, komára preciedzate, ale ťavu prehĺtate!"

Človek, ktorý skutočne verí v Boha, dáva celé desiatky. Ak dávame desiatky, dostaneme požehnanie; ale ak ich nedávame, okrádame Boha (Mal 3, 8 - 10). Áno, zákonníci a farizeji dávali desiatky; ale Ježiš ich pokarhal, že zanedbali spravodlivosť, milosrdenstvo a vernosť. Čo potom znamená zanedbávať spravodlivosť, milosrdenstvo a vernosť?

„Spravodlivosť" znamená odhodiť hriech, žiť podľa Božieho Slova a s vierou ho zachovávať. Byť „poslušný" podľa svetských štandardov znamená poslúchať a robiť niečo, čo ste schopní urobiť. Avšak, „poslušnosť" v pravde znamená byť schopný poslúchať a robiť to, čo sa zdá úplne nemožné.

V Biblii proroci, ktoré boli uznaní Bohom, s vierou poslúchali jeho slová. Rozdelili Červené more, zničili hradby Jericha a zastavili tok rieky Jordán. Ak by do situácie vložili ich ľudské myšlienky, tieto veci by sa nikdy nestali. Ale s vierou poslúchli Boha a uskutočnili ich.

„Milosrdenstvo" znamená splniť si celú povinnosť človeka vo všetkých aspektoch nášho života. Na tomto svete existujú princípy morálky a etika, ktoré ľudia môžu dodržiavať, aby boli aj naďalej ľuďmi. Tieto štandardy však nie sú dokonalé. Dokonca, aj keď sa navonok človek javí byť kultivovaný a ušľachtilý, ak má v sebe zlo, nemôžeme povedať, že je skutočne ušľachtilý. Aby sme skutočne žili život, ktorý je dôstojný, musíme splniť celú povinnosť ľudí, ktorou je zachovávanie Božích prikázaní (Kaz 12, 13).

„Vernosť" je podieľanie sa na božskej prirodzenosti Boha prostredníctvom viery (2 Pt 1, 4). Božím zámerom v stvorení nebies a zeme, a všetkého, čo ich napĺňa, a ľudstva, bolo získať pravé deti, ktoré by mali srdce podobné jeho. Boh nám povedal, aby sme boli pravdiví, pretože On je pravdivý, a boli dokonalí, pretože On je dokonalý. Nemali by sme len vyzerať sväto. Iba odhodením zla z našich sŕdc a úplným dodržiavaním jeho prikázaní sa môžeme skutočne podieľať na božskej prirodzenosti Boha.

Zákonníci a farizeji v Ježišovej dobe však zanedbali spravodlivosť, milosrdenstvo a vernosť a sústredili sa iba na dary a obety. Boha viac potešuje kajúce srdce, ako obety prinášané nepravdivými srdcami (Ž 51, 16 - 17). Avšak, oni učili niečo, čo nebolo v súlade s Božou vôľou. Človek s pozíciou vyučovať by mal najprv poukázať na hriechy ľudí, pomôcť im prinášať ovocie primerané pokániu a viesť ich k pokoju s Bohom. Potom by ich mal učiť o dávaní desiatkov, etiketu uctievania, modlitbu, atď., až kým nedosiahnu úplnú spásu.

5. Udržiavať si vonkajšiu čistotu, zatiaľ čo vnútro je plné lúpeže a nemiernosti

V Mt 23, 25 - 26 Ježiš povedal: „Beda vám, zákonníci a farizeji, pokrytci! Čistíte čašu a misu zvonka, ale vnútri sú plné lúpeže a nemiernosti. Slepý farizej, očisti najprv vnútro čaše, aby sa stal čistým aj jej vonkajšok."

Keď sa pozriete na číry krištáľový pohár, je veľmi čistý a krásny. Avšak, v závislosti od toho, čo ste do pohára dali, môže žiariť ešte viac alebo sa môže ušpiniť. Ak je naplnený špinavou vodou, môže sa stať len špinavým pohárom. Rovnako, aj keby niekto navonok vyzeral ako Boží človek, ak je jeho srdce plné zla, Boh, ktorý vidí srdce, uvidí všetku špinu vo vnútri a bude ho považovať za ušpineného.

Aj v ľudských vzťahoch bez ohľadu na to, aký čistý, dobre oblečený a dobre vzdelaný sa človek môže zdať navonok, ak zistíme, že je plný nenávisti, závisti, žiarlivosti a všetkých druhov zla, cítime nečistotu a hanbu. Ako by sa cítil Boh, ktorý je spravodlivosť a pravda sama, keď vidí takýchto ľudí? Preto sa musíme na seba pozrieť Božím Slovom a konať pokánie zo všetkej rozvrátenosti a chamtivosti a snažiť sa dosiahnuť čisté srdce. Ak budeme konať podľa Božieho Slova a budeme pokračovať v odhadzovaní hriechov, naše srdcia budú čisté, a preto aj naša vonkajšia podoba bude prirodzene čistá a svätá.

6. Byť ako obielené hroby

V Mt 23, 27 - 28 Ježiš hovorí: Beda vám, zákonníci a farizeji, pokrytci! Podobáte sa obieleným hrobom, ktoré sa zvonku zdajú pekné, ale vnútri sú plné umrlčích kostí a všelijakej nečistoty. Tak aj vy sa zvonka zdáte ľuďom spravodlivými, zatiaľ čo vnútri ste plní pokrytectva a neprávosti."

Nezáleží na tom, koľko peňazí vynaložíte na skrášlenie hrobu, ak sa pozrieme na to, čo je v ňom. Rozpadájúca sa mŕtvola, ktorá sa čoskoro zmení na hrsť prachu! Preto obielený hrob symbolizuje pokrytcov, ktorí sú navonok dobre upravení. Navonok vyzerajú dobre, mierne a dokonalo, radia iným a karhajú ich, zatiaľ čo vo vnútri sú v skutočnosti plní nenávisti, závisti, žiarlivosti, cudzoložstva, atď.

Ak vyznáme, že veríme v Boha a v srdciach prechovávame nenávisť, keď ostatných odsudzujeme, potom v očiach iných ľudí vidíme smietku, ale vo vlastných očiach brvno nevidíme. To je to, čo sa považuje za pokrytectvo. Toto možno aplikovať aj na neveriacich. Pokrytectvom je tiež to, keď človek má srdce, ktoré má sklon k tomu, aby zradilo manžela alebo manželku, zanedbávalo svoje deti alebo nectilo si rodičov, zatiaľ čo sa vysmieva pravde a kritizuje ostatných.

7. Považovať samých seba za spravodlivých

V Mt 23, 29 - 33 Ježiš hovorí: „Beda vám, zákonníci a farizeji, pokrytci! Staviate hrobky prorokom a ozdobujete pomníky spravodlivých. Hovoríte: „Keby sme boli žili za dní našich otcov, neboli by sme s nimi prelievali krv prorokov." Takto sami proti sebe svedčíte, že ste synmi tých, čo povraždili prorokov. Dovŕšte teda mieru svojich otcov! Hadi, vreteničie plemeno! Ako uniknete odsúdeniu do pekla?"

Pokryteckí zákonníci a farizeji stavali hroby prorokom, ozdobovali pomníky spravodlivých a hovorili: „Keby sme boli žili za dní našich otcov, neboli by sme s nimi prelievali krv prorokov." Toto vyznanie však nie je pravdivé. Títo zákonníci a farizeji nielen nespoznali Ježiša, ktorý prišiel ako Spasiteľ, ale ho aj odmietli, a nakoniec ho pribili na kríž a zabili ho. Ako môžu nazývať samých seba spravodlivejšími, ako boli ich predkovia?

Ježiš pokarhal týchto pokryteckých vodcov slovami: „Dovŕšte teda mieru svojich otcov!" Keď človek pácha hriechy a má aspoň náznak svedomia, cíti sa vinný a prestane ich páchať. Ale existujú aj takí ľudia, ktorí sa až do trpkého konca neodvrátia od ich zlého skutku. To je to, čo Ježiš myslel, keď povedal „dovŕšte". Stali sa deťmi diabla, vreteničím plemenom, a konali s ešte väčším zlom.

A rovnako, ak človek počuje pravdu a hryzie ho svedomie, no aj napriek tomu sám seba považuje za spravodlivého a odmieta konať pokánie, potom sa nijako nelíši od toho, kto dovršuje mieru viny jeho predkov. Ježiš povedal, že ak títo ľudia nekonajú pokánie a neprinášajú ovocie primerané pokániu, potom neuniknú trestu pekla.

Preto sa musíme pozrieť do svojho vnútra pokarhaním, ktoré Ježiš dal zákonníkom a farizejom, a zistiť, či je niečo, čo sa nás týka a rýchlo to odhodiť. Dúfam, že sa vy, čitatelia, stanete spravodlivými ľuďmi, ktorí nenávidia zlo a priľnete k tomu, čo je dobré, čím vzdáte všetku slávu Bohu a budete sa tešiť z požehnaného života – do tej miery, do akej po tom vaše srdce zatúži!

Slovník a hlbšie vysvetlenie

Čo je „kultivácia ľudstva"?

„Kultivácia" je proces, pri ktorom poľnohospodár zaseje semeno, stará sa oň a ono mu prinesie ovocie. Aby Boh získal pravé deti, zasadil Adama a Evu tu na tomto svete ako prvé ovocie. Po páde Adama sa ľudia stali hriešnikmi a po tom, ako prijali Ježiša Krista a s pomocou Ducha Svätého dokázali obnoviť pravý obraz Boha, ktorý bol kedysi v nich. Celý proces Božieho stvorenia človeka a dohliadania na celú históriu ľudstva až do dňa posledného súdu sa nazýva „kultivácia ľudstva".

Rozdiel medzi „ľudským telom", „telom" a „telesnými vecami"

Keď za normálnych okolností hovoríme o ľudskom tele, zameniteľne používame termíny „ľudské telo" a „telo". Avšak, v Biblii má každé z týchto slov špecifický duchovný význam. Sú tam časti, kedy sa slovo „telo" používa jednoducho na označenie ľudského tela, ale duchovne sa vzťahuje na tie veci, ktoré sa rozpadajú, menia, sú odporné a špinavé.

Prvý človek, Adam, bol živým duchom a nemal v sebe žiadny hriech. Avšak, potom, čo bol satanom pokúšaný jesť ovocie poznania dobra a zla, musel zažiť smrť, pretože mzdou hriechu je smrť (Gn 2, 17; Rim 6, 23). Boh pri stvorení zasadil poznanie života, pravdu, vo vnútri človeka. Tvar alebo forma človeka sa bez tejto pravdy, ktorá unikla po tom, čo Adam zhrešil, označuje ako „ľudské telo". A hriešna prirodzenosť v tomto tele je označovaná ako „telo". Toto telo nemá viditeľnú podobu, ale je to hriešna prirodzenosť, ktorú možno kedykoľvek vyvolať.

Pôda ľudského srdca

Biblia kategorizuje srdce človeka na rôzne druhy pôdy: kraj cesty, skalnatá pôda, tŕnistá pôda a dobrá pôda (Mk 4).

Kraj cesty predstavuje zatvrdené a ľahostajné srdce. Aj keď je do tohto druhu srdca zasadené semeno Božieho Slova, semeno nemôže vyklíčiť a nemôže priniesť ovocie; preto človek nemôže získať spásu.

Skalnatá pôda predstavuje človeka, ktorý chápe Božie Slovo hlavou, ale srdcom nedokáže uveriť. Pri počúvaní Slova sa môže rozhodnúť, že použije to, čo sa naučil, ale keď čelí ťažkostiam, nedokáže si udržať vieru.

Tŕnistá pôda odkazuje na srdce človeka, ktorý počúva, chápe a aplikuje Božie Slovo vo svojom živote, ale nemôže prekonať pokušenia tohto sveta. Zlákajú ho starosti tohto sveta, chamtivosť a telesné túžby, preto čelí skúškam a súženiam a nemôže duchovne rásť.

Dobrá pôda predstavuje srdce človeka, do ktorej keď padne Božie Slovo, prinesie 30, 60, 100-násobné ovocie a vždy nasledujú Božie požehnania a odpovede.

Úloha satana a diabla

Satan je bytosť, ktorá má moc temnoty, ktorá spôsobuje, že ľudia konajú zlé veci. Nemá žiadnu špecifickú podobu. Ako rádiové vlny neustále do vzduchu šíri svoje temné srdce, myšlienky a moc na konanie zla. A keď nepravda vo vnútri srdca človeka zachytí túto frekvenciu, používa myšlienky človeka, aby do neho vlieval svoje temné sily. Toto je to, čo nazývame „prijatie diel satana" alebo „počúvanie hlasu satana".

Diabol patrí medzi anjelov, ktorí padli spolu s Luciferom. Sú oblečení v čiernom a majú tvár a ruky a nohy ako človek alebo anjel. Prijíma príkazy od satana a vedie a dáva príkazy mnohým démonom, aby priviedli na ľudí choroby a spôsobili ich pád do hriechu a zla.

Charakter nádoby a charakter srdca

Ľudia sú nazývaní „nádobami". Charakter nádoby človeka závisí od toho, ako dobre počúva Božie Slovo a vrýva si ho do srdca, a ako dobre podľa neho s vierou v skutkoch koná. Charakter nádoby súvisí s druhom materiálu, z ktorého pochádza. Ak má človek dobrý charakter nádoby, môže sa rýchlo posvätiť a v širšom rozsahu prejavovať duchovnú moc. Aby človek kultivoval dobrý charakter nádoby, mal by pozorne počúvať Slovo a vryť si ho do srdca. Ako dôsledne človek vykonáva to, čo sa naučil, určuje charakter nádoby človeka.

Charakter srdca závisí od veľkosti srdca a veľkosti nádoby. Existujú prípady: 1) prekročenia kapacity človeka, 2) iba naplnenie kapacity človeka, 3) neochotné naplnenie sotva minimálnej kapacity človeka a 4) prípad, kedy je lepšie, aby človek ani nezačal jeho dielo v dôsledku všetkého zla, ktoré spáchal. Ak je charakter srdca malý a nedostatočný, človek musí pracovať na jeho premenení na širšie, väčšie srdce.

Spravodlivosť v Božích očiach

Prvou úrovňou spravodlivosti je odhodenie hriechov. Na tejto úrovni je človek oprávnený prijatím Ježiša Krista a získaním daru Ducha Svätého. Potom objaví svoje hriechy a usilovne sa modlí, aby tieto hriechy odhodil. Boh je týmto skutkom potešený a odpovedá na jeho modlitby a požehnáva ho.

Druhou úrovňou spravodlivosti je zachovávanie Slova. Po odhodení hriechov môže byť človek naplnený Božím Slovom a je schopný sa ním riadiť. Napríklad, ak počul posolstvo o tom, že nemá nikoho nenávidieť, odhodí nenávisť a snaží sa každého milovať. Týmto spôsobom zachováva Božie Slovo. Vtedy dostáva požehnanie byť vždy zdravý a dostáva odpoveď na každú modlitbu, ktorú vysloví.

Treťou úrovňou spravodlivosti je potešovať Boha. Na tejto úrovni človek nielen odhodí hriech, ale tiež neustále koná podľa Božej vôle. A svoj život zasvätí plneniu jeho povolania. Ak človek dosiahne túto úroveň, Boh odpovie aj na najmenšie želanie, na ktoré si v srdci pomyslí.

Čo je spravodlivosť

„…spravodlivosť v tom, že idem k
Otcovi a viac ma už neuvidíte."

(Jn 16, 10)

„Abrám uveril Pánovi a on mu to počítal za spravodlivosť."
(Gn 15, 6)

„Hovorím vám, že nikdy nevojdete do nebeského kráľovstva, ak vaša spravodlivosť neprevýši spravodlivosť zákonníkov a farizejov."
(Mt 5, 20)

„Teraz však je zjavená Božia spravodlivosť bez zákona dosvedčená zákonom a prorokmi. Božia spravodlivosť skrze vieru v Ježiša Krista pre všetkých, čo veria. Niet totiž rozdielu." (Rim 3, 21 - 22)

„...naplnení ovocím spravodlivosti, ktoré je skrze Ježiša Krista na Božiu slávu a chválu." (Flp 1, 11)

„Už mám pripravený veniec spravodlivosti, ktorý mi dá v onen deň Pán, spravodlivý sudca, no nie iba mne, ale aj všetkým, čo s láskou očakávajú jeho zjavenie." (2 Tim 4, 8)

„Tak sa splnilo Písmo, ktoré hovorí: Abrahám uveril Bohu a to sa mu počítalo za spravodlivosť. A bol nazvaný Božím priateľom." (Jak 2, 23)

„Podľa toho možno poznať Božie deti a deti diabla: Ten, kto nekoná spravodlivo, nie je z Boha; ani ten, kto nemiluje svojho brata."
(1 Jn 3, 10)

Kapitola 6

Spravodlivosť, ktorá vedie k životu

„A tak ako previnenie jedného prinieslo odsúdenie všetkým ľuďom, tak aj spravodlivý skutok jedného priniesol ospravedlnenie všetkých ľudí, teda život."
(Rim 5, 18)

Po siedmich rokoch choroby som sa stretol so živým Bohom. Bol som nielen uzdravený zo všetkých mojich chorôb ohňom Ducha Svätého, ale po konaní pokánia z hriechov som dostal aj večný život, vďaka ktorému môžem naveky žiť v nebi. Bol som taký vďačný za Božiu milosť, že od tej chvíle som začal chodiť do kostola, prestal som piť alkohol a prestal som ostatným ponúkať alkoholické nápoje.

Raz došlo k udalosti, kedy jeden z mojich príbuzných zosmiešňoval kostoly. Nedokázal som sa ovládnuť a zlostne som povedal: „Prečo hovoríš zle o Bohu a negatívne o cirkvi a pastorovi?" Ako nováčik vo viere som si myslel, že moje skutky sú oprávnené. Až neskôr som si uvedomil, že moje skutky neboli správne. Vedenie prevzala spravodlivosť podľa mojich predstáv namiesto spravodlivosti v Božích očiach. Výsledkom bola hádka a spor.

Čo bolo v tejto situácii spravodlivosťou v Božích očiach? Bola to snaha pochopiť druhú osobu s láskou. Ak zoberiete do úvahy skutočnosť, že konajú tak, ako konajú, pretože nepoznajú Pána a Boha, potom nie je dôvod, aby sme sa na nich nahnevali. Pravá spravodlivosť znamená modliť sa za nich s láskou a hľadať správny spôsob, ako ich evanjelizovať a viesť k tomu, aby sa stali Božím dieťaťom.

Spravodlivosť v Božích očiach

Ex 15, 26 hovorí: „Ak budeš naozaj poslúchať hlas Pána, svojho Boha, a budeš robiť to, čo je v jeho očiach správne..." Tento verš nám hovorí, že spravodlivosť v očiach človeka a spravodlivosť v Božích očiach sú jasne odlišné.

V našom svete je pomsta častokrát považovaná za spravodlivý skutok. Avšak, Boh nám hovorí, že spravodlivosť je milovať všetkých ľudí a milovať aj našich nepriateľov. Svet tiež považuje za spravodlivé to, keď niekto bojuje o dosiahnutie toho, čo si myslí, že je správne, a to aj na úkor zničenia pokoja s ostatnými ľuďmi. Ale Boh nepovažuje človeka za spravodlivého, keď zničí pokoj s ostatnými ľuďmi iba kvôli tomu, čo v jeho mysli považuje za správne.

Aj na tomto svete bez ohľadu na to, koľko zla máte v srdci, ako je nenávisť, spor, závisť, žiarlivosť, hnev a sebectvo, ak neporušujete zákony krajiny a skutkami nepáchate hriechy, nikto vás nepovažuje za nespravodlivých. Avšak, aj keď v skutkoch nepáchate žiadne hriechy, ak máte v srdci zlo, Boh vás nazýva nespravodlivým človekom. Ľudská predstava spravodlivosti a nespravodlivosti sa líši medzi rôznymi ľuďmi, miestami a generáciami. Preto, aby sme stanovili pravý štandard spravodlivosti a nespravodlivosti, štandardom musí byť Boh. Pravá spravodlivosť je to, čo Boh nazýva spravodlivým.

A čo urobil Ježiš? Rim 5, 18 hovorí: „A tak ako previnenie jedného prinieslo odsúdenie všetkým ľuďom, tak aj spravodlivý skutok jedného priniesol ospravedlnenie všetkých ľudí, teda život." Tu „previnenie jedného" je hriech Adama, otca celého ľudstva, a „spravodlivý skutok jedného" je poslušnosť Ježiša, Božieho Syna. On naplnil spravodlivý skutok vedenia mnohých ľudí k životu. Pozrime sa podrobnejšie na to, čo je táto spravodlivosť, ktorá vedie ľudí k životu.

Spravodlivý skutok jedného, ktorý zachraňuje celé ľudstvo

V Gn 2, 7 čítame, že Boh stvoril prvého človeka Adama na svoj obraz. Potom mu dýchol do nozdier a urobil ho živým duchom. Nebolo v ňom zasadené nič, rovnako ako v novonarodenom dieťati. Bol ako nový, čistý štít. Rovnako ako dieťa rastie a začne si zhromažďovať poznanie prostredníctvom toho, čo vidí a počuje, a používať ho, Boh učil Adama o harmónii celého vesmíru, zákonoch duchovného sveta a slová pravdy.

Boh učil Adama všetko, čo potreboval vedieť, aby žil ako pán celého stvorenia. Existovala len jedna vec, ktorú Boh zakázal. Adam mohol voľne jesť z akéhokoľvek stromu v raji Edenu, okrem stromu poznania dobra a zla. Boh ho silne varoval, že v deň, keď z neho bude jesť, určite zomrie (Gn 2, 16 - 17).

Avšak, postupom času Adam na tieto slová zabudol a podľahol pokušeniu hada a jedol zakázané ovocie. V dôsledku toho bola jeho komunikácia s Bohom prerušená, a ako Boh povedal: „Určite zomrieš," Adamov duch, ktorý bol živým duchom, zomrel. Pretože neposlúchol Božie Slovo, ale poslúchol slová nepriateľa diabla, stal sa dieťatom diabla.

1 Jn 3, 8 hovorí: „Kto pácha hriech, je z diabla, lebo diabol hreší od počiatku. Boží Syn sa zjavil nato, aby maril diablove skutky." A Jn 8, 44: „Vaším otcom je diabol a chcete plniť žiadosti svojho otca. On bol od počiatku vrahom ľudí a nestál v pravde, lebo v ňom niet pravdy. Keď hovorí lož, hovorí z toho, čo mu je vlastné, pretože je luhár a otec lži."

Ak je Adam ten, kto neposlúchol a zhrešil, prečo sú aj jeho potomkovia hriešnici? Dieťa sa s určitosťou podobá na svojich rodičov, najmä jeho vzhľadom. Jeho osobnosť, a dokonca aj spôsob, akým chodí, pripomína jeho rodičov. Je to preto, že dieťa zdedí to, čo je známe ako „chi" jeho rodičov, alebo „duch", či „životná sila", a rovnako ako prechádza na dieťa životná sila, prechádza na neho aj hriešna prirodzenosť rodičov (Ž 51, 5). Novorodenec nie je učený, aby plakal a kričal, ale robí to sám. Je to preto, že v životnej sile, ktorá bola odovzdávaná z generácie na generáciu už od Adama, je obsiahnutá hriešna prirodzenosť.

Okrem prvotných hriechov, ktoré človek zdedí, aj on sám pokračuje v páchaní hriechov, a tak sa jeho srdce stáva čoraz viac ušpinené hriechmi. Potom to opäť prenáša na jeho deti. A postupom času sa svet postupne stáva preplnený hriechom. Ako môže človek, ktorý sa stal dieťatom diabla, obnoviť jeho vzťah s

Bohom?

Boh od začiatku vedel, že človek spácha hriech. Preto pripravil prozreteľnosť spásy a držal ju v tajnosti. Spása ľudstva skrze Ježiša Krista bola tajomstvom, ktoré bolo ukryté od začiatku vekov. Takže Ježiš Kristus, ktorý bol nevinný a bez akejkoľvek chyby, vzal na seba prekliatie a visel na kríži, aby otvoril cestu spásy pre ľudstvo, ktoré malo zomrieť. Prostredníctvom tohto skutku spravodlivosti Ježiša Krista boli mnohí ľudia, ktorí boli kedysi hriešnikmi, oslobodení od smrti a získali život.

Začiatkom spravodlivosti je viera v Boha

„Spravodlivosť" musí byť v súlade s čnosťou alebo morálkou. Avšak, „spravodlivosť" podľa Boha znamená poslušnosť vo viere z úcty k nemu, odhodenie hriechu a zachovávanie jeho prikázaní (Kaz 12, 13). Ale Biblia nazýva samotný skutok neviery v Boha hriechom (Jn 16, 9). Preto je jednoduchý skutok viery v Boha skutkom spravodlivosti a je to prvá podmienka, ktorú musíme mať, aby sme sa stali spravodlivým človekom.

Ako môžeme nazvať spravodlivým alebo správnym človekom niekoho, kto zanedbáva a zrádza svojich rodičov, ktorí ho porodili? Ľudia na neho ukazujú prstom a nazývajú ho hriešnikom, ktorý neberie žiadny ohľad na ľudstvo. Podobne, ak človek neverí v Boha Stvoriteľa, ktorý nás stvoril, ak ho nenazýva Otcom, a navyše, ak slúži nepriateľovi diablovi - čo Boh najviac nenávidí - potom sa to stáva smrteľným hriechom.

Preto, aby ste sa stali spravodlivým človekom, musíte v prvom rade veriť v Boha. Ako mal Ježiš úplnú vieru v Boha a zachovával každé jeho Slovo, aj my musíme mať vieru a zachovávať jeho Slovo. Mať vieru v Boha znamená veriť v skutočnosť, že Boh je Pánom všetkého stvorenia, ktorý stvoril celý vesmír a nás, a ktorý má výhradnú kontrolu nad životom a smrťou ľudstva. Tiež to znamená veriť tomu, že Boh existuje sám od seba, a je prvý a posledný, začiatok a koniec. Znamená to veriť v to, že On je najvyšším Sudcom, ktorý pripravil nebo a peklo, a ktorý bude každého spravodlivo súdiť. Boh poslal jeho jednorodeného Syna Ježiša Krista na tento svet, aby nám otvoril cestu spásy. Preto veriť v Ježiša Krista a získať spásu je v podstate veriť v Boha.

A teda je tu niečo, čo Boh požaduje od všetkých jeho detí, ktoré vstupujú dverami spásy. Na tomto svete musia občania určitej krajiny dodržiavať zákony danej krajiny. A rovnako, ak ste sa stali občanom neba, mali by ste dodržiavať zákony neba, ktorým je Božie Slovo, čo je pravda. Napríklad, pretože Ex 20, 8 hovorí: „Pamätaj na deň sobotného odpočinku, že ho máš svätiť!," mali by ste poslúchnuť Božie prikázanie a urobiť ho najvyššou prioritou tým, že budete svätiť celú sobotu a nerobiť kompromisy so svetom. Mali by sme to robiť, pretože Boh považuje tento druh viery a poslušnosti za spravodlivosť.

Prostredníctvom Ježiša Krista nás Boh poučil o zákone spravodlivosti, ktorá nás vedie k životu. Ak budeme zachovávať tento zákon, staneme sa spravodlivými, môžeme ísť do neba a dostať Božiu lásku a požehnanie.

Spravodlivosť Ježiša Krista, ktorú musíme napodobňovať

Dokonca, aj Ježiš, ktorý je Boží Syn, dosiahol spravodlivosť úplným zachovávaním Božích prikázaní. Predovšetkým, keď bol tu na tejto zemi, nikdy neprejavil ani náznak zla. Pretože bol počatý Duchom Svätým, nemal prvotný hriech. A keďže nemal žiadne zlé myšlienky ani žiadne zlo, nespáchal žiadny hriech.

Ľudia väčšinou konajú zlé skutky, pretože majú bezprávne myšlienky. Človek, ktorý má v sebe chamtivosť, najprv premýšľa: „Ako môžem získať bohatstvo? Ako môžem vziať majetok tomu človeku a privlastniť si ho?" A potom si tento človek zasadí túto myšlienku do srdca. A keď je jeho srdce rozrušené, s najväčšou pravdepodobnosťou bude konať zlé skutky. Pretože má v srdci chamtivosť, satan ho bude skrze jeho myšlienky pokúšať; a keď tento človek príjme toto pokušenie, bude konať zlé skutky, ako je podvádzanie, sprenevera a krádež.

Jób 15, 35 hovorí: „Plodom ich ťarchavosti je trápenie a rodia bezprávie, ich vnútro je vždy pripravené na zradu." A Gn 6, 5 hovorí, že pred Božím potrestaním sveta potopou bola ľudská zloba na zemi veľká a všetko zmýšľanie ľudského srdca bolo ustavične naklonené len k zlu. Pretože je srdce zlé, aj myseľ je zlá. Ak však v našom srdci nie je zlo, satan nemôže pracovať prostredníctvom našich myšlienok, aby nás pokúšal. Ako je napísané, že veci, ktoré vychádzajú z úst, pochádzajú zo srdca (Mt 15, 18), ak srdce nie je zlé, neexistuje žiadny spôsob, aby z neho vyšli zlé myšlienky alebo skutky.

Ježiš, ktorý v sebe nemal ani prvotný hriech, ani žiadne vlastné hriechy, mal srdce, ktoré bolo samá svätosť. Preto boli všetky jeho skutky vždy dobré. Pretože jeho srdce bolo spravodlivé, mal len spravodlivé myšlienky a konal len spravodlivé skutky. Aby sme sa stali spravodlivými ľuďmi, musíme chrániť naše myšlienky odhadzovaním zla z našich sŕdc, a potom budú aj naše skutky spravodlivé.

Ak budeme poslúchať a robiť presne to, čo Biblia hovorí: „Robte, nerobte, zachovávajte a odhoďte", Božie srdce, teda pravda, bude prebývať v našich srdciach, aby sme našimi myšlienkami nepáchali hriechy. A naše skutky budú tiež spravodlivé tým, že dostaneme vedenie a smer od Ducha Svätého. Boh hovorí: „Zachovávajte nedeľu svätú", a preto zachovávame nedeľu svätú. Hovorí: „Modlite sa, navzájom sa milujte a ohlasujte evanjelium", preto sa modlíme, navzájom sa milujeme a ohlasujeme evanjelium. Hovorí, aby sme nekradli ani nepáchali cudzoložstvo, preto tieto veci nerobíme.

A pretože nám povedal, aby sme odhodili aj podoby zla, pokračujeme v odhadzovaní nepravdy, ako je žiarlivosť, závisť, nenávisť, cudzoložstvo, podvod, atď. A ak budeme dodržiavať Božie Slovo, nepravdy sa z našich sŕdc vytratia a zostane tam len pravda. Ak z našich sŕdc vytiahneme aj trpké korene hriechu, hriech do nás už nebude môcť cez naše myšlienky vstúpiť. Preto všetko, čo vidíme, vidíme v dobrote, a všetko, čo hovoríme a robíme, je tiež povedané a vykonané v dobrote, ktorá pochádza z našich sŕdc.

Prís 4, 23 hovoria: „Pri plnej ostražitosti si stráž srdce, lebo z neho vychádza život." Spravodlivosť, ktorá vedie k životu, teda zdroj života, pochádza z chránenia si srdca. Aby sme získali život, musíme si v srdci držať spravodlivosť, teda pravdu, a podľa nej konať. To je dôvod, prečo je také dôležité chrániť si myseľ a srdce. Ale pretože je v nás veľa zla, nedokážeme ho všetko odhodiť výhradne vlastnými silami. Na odhodenie hriechu potrebujeme okrem vlastných síl aj moc Ducha Svätého. Preto potrebujeme modlitbu. Keď sa modlíme vrúcnymi modlitbami, zostúpi na nás Božia milosť a moc a naplní nás Duch Svätý. To je čas, kedy môžeme odhodiť tieto hriechy!

Jak 3, 17 hovorí: „No múdrosť, ktorá prichádza zhora, je predovšetkým čistá..." To znamená, že keď odhodíme hriechy z našich sŕdc a zameriame sa iba na spravodlivosť, potom na nás zhora zostúpi múdrosť. Nech je múdrosť sveta akákoľvek veľká, nikdy nemôže byť porovnávaná s múdrosťou, ktorá prichádza zhora. Múdrosť tohto sveta pochádza od človeka, ktorý je obmedzený a nedokáže predvídať ani to, čo sa stane o sekundu. Avšak, múdrosť, ktorá prichádza zhora, je zoslaná všemohúcim Bohom, aby sme sa mohli dozvedieť o veciach, ktoré sa majú stať, a pripraviť sa na to.

Lk 2, 40 hovorí, že Ježiš „rástol a mocnel, plný múdrosti." Je zaznamenané, že keď mal dvanásť rokov, bol taký múdry, že dokonca aj rabíni, ktorí zákon dôkladne poznali, boli ohromení jeho múdrosťou. Pretože Ježišova myseľ bola zameraná len na spravodlivosť, dostal múdrosť zhora.

1 Pt 2, 22 - 23 hovorí: „On sa hriechu nedopustil, ani lesť nebola v jeho ústach. Keď mu zlorečili, on nezlorečil, keď trpel, nevyhrážal sa, ale všetko odovzdal tomu, čo spravodlivo súdi." V tomto verši môžeme vidieť Ježišovo srdce. Aj v Jn 4, 34, keď učeníci priniesli jedlo, Ježiš povedal: „Mojím pokrmom je plniť

vôľu toho, čo ma poslal, a dokonať jeho dielo." Keďže Ježišovo srdce a myseľ boli zamerané len na spravodlivosť, všetci jeho skutky boli vždy spravodlivé.

Ježiš nebol verný len v konaní Božieho diela; bol verný v „celom Božom dome". Dokonca, aj keď zomieral na kríži, zveril Pannu Máriu Jánovi, aby sa uistil, že sa o ňu niekto postará. Takže Ježiš úplne dokončil jeho svetskú povinnosť človeka, zatiaľ čo hlásal evanjelium o nebeskom kráľovstve a Božou mocou uzdravoval chorých. Nakoniec, dokončil jeho poslanie na tomto svete tým, že vzal na seba kríž, aby sa postaral o hriechy a slabosti ľudstva. Takto sa stal Spasiteľom ľudstva, Kráľom kráľov a Pánom pánov.

Spôsob, ako sa stať spravodlivým človekom

Čo by sme teda mali robiť ako Božie deti? Musíme sa stať spravodlivými ľuďmi dodržiavaním Božích zákonov prostredníctvom našich skutkov. Keďže sa Ježiš stal pre všetkých z nás najvyšším príkladom zachovávania všetkých Božích zákonov a konania podľa nich, musíme urobiť to isté nasledovaním jeho príkladu.

Konať podľa Božích zákonov znamená zachovávať jeho prikázania a byť v jeho ustanoveniach bezchybní. Desatoro prikázaní sú hlavným príkladom Božích prikázaní. Prikázaniami sú považované všetky Božie prikázania obsiahnuté v 66 knihách Biblie. Každé z Desatora má v sebe hlboký duchovný význam. Keď chápeme pravý význam každého z nich a budeme ho zachovávať, Boh nás bude nazývať spravodlivými.

Ježiš povedal, že je jedno veľké a najdôležitejšie prikázanie. Je to milovať Boha celým svojím srdcom, dušou a mysľou. Druhým je milovať svojho blížneho ako seba samého (Mt 22, 37 - 39). Ježiš zachovával všetky tieto prikázania a podľa nich aj konal. Nikdy sa nehádal ani nekričal. Ježiš sa neustále modlil, či už to bolo skoro ráno alebo celú noc. Navyše, zachovával všetky ustanovenia. „Ustanovenia" predstavujú pravidlá, ktoré pre nás Boh ustanovil, ako, napríklad, slávenie Veľkej noci alebo dávanie desiatkov. V Biblii je zaznamenané, ako Ježiš išiel do Jeruzalema sláviť Veľkú noc, ako aj všetci ostatní Židia.

Kresťania, ktorí sú duchovnými Židmi, naďalej zachovávajú a dodržiavajú duchovné významy židovských rituálov. Kresťania si obrezávajú srdcia, rovnako ako bola v dobe Starého zákona vykonávaná fyzická obriezka. Pri bohoslužbách uctievajú v duchu a v pravde a zachovávajú starozákonný duchovný význam prinášania obiet Bohu. Keď zachovávame Božie zákony a podľa nich konáme, získavame pravý život a staneme sa spravodlivými. Pán zvíťazil nad smrťou a vstal z mŕtvych; preto sa aj my môžeme tešiť z večného života tým, že zmŕtvychvstaneme k spravodlivosti.

Požehnanie pre spravodlivých

Svár, nepriateľstvo a choroby prichádzajú, pretože ľudia nie sú spravodliví. Bezprávie pochádza z toho, že nie sme spravodliví, a potom prichádza bolesť a utrpenie. Je to preto, že ľudia prijímajú diela diabla, otca hriechov. Ak by neexistovalo žiadne bezprávie a žiadna nespravodlivosť, neboli by žiadne katastrofy, utrpenie alebo ťažkosti a tento svet by bol naozaj krásnym miestom. Navyše, ak sa stanete v Božích očiach spravodlivým človekom, dostanete od neho veľké požehnanie. Môžete sa stať skutočne vynikajúcim a požehnaným človekom.

Dt 28, 1 - 6 o tom podrobne hovorí: „Ak budeš naozaj počúvať hlas Pána, svojho Boha, zachovávať a uskutočňovať všetky jeho príkazy, ktoré ti dnes dávam, Pán, tvoj Boh, ťa vyvýši nad všetky národy zeme. Keď budeš poslúchať slovo Pána, svojho Boha, spočinú na tebe všetky tieto požehnania a budú ťa sprevádzať. Požehnaný budeš v meste a požehnaný budeš na poli. Požehnaný bude plod tvojho života, plodiny tvojej zeme, plod tvojho dobytka, mláďatá tvojich zvierat a prírastky tvojho stáda. Požehnaný bude tvoj kôš i tvoje koryto. Požehnaný budeš, keď budeš vchádzať a požehnaný budeš, keď budeš vychádzať."

Aj v Ex 15, 26 Boh sľúbil, že ak robíme to, čo je správne v Božích očiach, nedopustí na nás žiadne z chorôb, ktoré zoslal na Egypťanov. Preto, ak budeme robiť to, čo je v Božích očiach spravodlivé, budeme zdraví. Bude sa nám dariť vo všetkých oblastiach nášho života a zažijeme večnú radosť a požehnanie.

Pozreli sme sa na to, čo je spravodlivosťou v Božích očiach. Dúfam, že v plnom rozsahu zažijete Božiu lásku a požehnanie tým, že budete konať v súlade s Božími zákonmi a ustanoveniami bez akejkoľvek chybičky a budete viesť život spravodlivý v Božích očiach!

Slovník

Viera a spravodlivý

Existujú dva druhy viery: „duchovná viera" a „telesná viera". Mať „telesnú vieru" znamená veriť iba veciam, ktoré sa zhodujú s naším poznaním a myšlienkami. Tento druh viery je viera bez skutkov; preto je to mŕtva viera, ktorú Boh neprijíma. Mať „duchovnú vieru" znamená veriť všetkému, čo pochádza z Božieho Slova, aj keď sa to nemusí zhodovať s naším poznaním alebo myšlienkami. S týmto druhom viery človek koná podľa Božieho Slova.

Človek môže mať takúto vieru len vtedy, ak mu ju dá Boh a každý človek má inú mieru viery (Rim 12, 3). Viera môže mať prevažne prvú až piatu úroveň: na prvej úrovni viery má človek vieru, aby získal spásu, na druhej úrovni viery sa snaží konať podľa Božieho Slova, na tretej úrovni viery človek dokáže plne konať podľa Slova, na štvrtej úrovni viery sa človek posvätil odhodením hriechov a miluje Pána v najväčšej možnej miere, a na piatej úrovni viery má vieru spôsobiť Bohu dokonalú radosť.

„Spravodlivý" sa vzťahuje na ľudí, ktorí sú spravodliví

Keď prijmeme Ježiša Krista a naše hriechy sú skrze jeho drahocennú krv odpustené, sme ospravedlnení. To znamená, že sme ospravedlnení našou vierou. Keď odhodíme zlo - alebo nepravdu - z našich sŕdc a snažíme sa konať v pravde podľa Božieho Slova, môžeme sa premeniť na skutočne spravodlivých ľudí, ktorí sú Bohom uznaní za spravodlivých. Boh má veľkú radosť z takýchto spravodlivých ľudí a odpovedá na všetky ich modlitby (Jak 5, 16).

Kapitola 7

Spravodlivý z viery bude žiť

„Pretože v ňom sa zjavuje Božia spravodlivosť z viery pre vieru, ako je napísané: Spravodlivý z viery bude žiť."
(Rim 1, 17)

Keď niekto vykoná dobrý skutok pre sirotu, vdovu alebo blížneho v núdzi, ľudia častokrát túto osobu nazývajú spravodlivým mužom alebo ženou. Keď sa niekto zdá byť mierny a láskavý, zachováva zákon, nenahnevá sa ľahko a je v tichosti trpezlivý, ľudia túto osobu chvália slovami: „Tento človek ani nepotrebuje pravidlá." Skutočne to znamená, že tento človek je spravodlivý?

Oz 14, 9 hovorí: „Kto je múdry, nech tieto veci pochopí a kto je chápavý, nech ich spozná. Lebo priame sú cesty Pánove; spravodliví po nich kráčajú, no hriešnici sa na nich potkýnajú." To znamená, že človek, ktorý zachováva Božie zákony, je skutočne spravodlivý človek.

Aj Lk 1, 5 - 6 hovorí: „Za dní judského kráľa Herodesa žil istý kňaz menom Zachariáš z Abiášovej kňazskej triedy. Jeho manželka bola z Áronových dcér a volala sa Alžbeta. Obaja boli spravodliví pred Bohom, bezúhonne si počínali podľa Pánových príkazov a ustanovení." To znamená, že človek je spravodlivý iba vtedy, keď koná podľa Božích zákonov, teda všetkých Pánových prikázaní a ustanovení.

Stať sa skutočne spravodlivým človekom

Bez ohľadu na to, ako veľmi sa človek snaží byť spravodlivým, nikto nie je spravodlivý, pretože každý má v sebe prvotný hriech, ktorý je odovzdávaný od predkov, a vlastné spáchané hriechy, alebo inak známe ako skutočné hriechy. Rim 3, 10 hovorí: „Ako je napísané: Nieto spravodlivého, niet ani jedného." Jediný spravodlivý človek bol a je Ježiš Kristus.

Ježiš, ktorý nemal ani prvotný hriech, ani vlastné hriechy, prelial jeho krv a zomrel na kríži, aby splatil trest za naše hriechy, vstal z mŕtvych a stal sa naším Spasiteľom. V okamihu, keď uveríme v Ježiša Krista, ktorý je cesta, pravda a život, to je to, kedy sú naše hriechy odpustené a sme ospravedlnení. Avšak, len preto, že sme ospravedlnení z viery, neznamená to, že tým to končí. Áno, keď uveríme v Ježiša Krista, boli nám odpustené naše hriechy a sme ospravedlnení; avšak, v našich srdciach ešte stále máme hriešnu prirodzenosť.

Preto je v Rim 2, 13 napísané: „Lebo pred Bohom nie sú spravodliví poslucháči zákona, ale ospravedlnení budú tí, čo plnia zákon." To znamená, že aj keď sme ospravedlnení z viery, môžeme sa stať skutočne spravodlivým človekom len vtedy, keď naše srdce nepravdy premeníme na srdce pravdy tým, že budeme konať podľa Božieho Slova.

V dobách Starého zákona, predtým ako prišiel Duch Svätý, ľudia nemohli úplne odhodiť hriechy vlastnými silami. Preto, ak nepáchali hriechy skutkami, neboli považovaní za hriešnikov. Toto bola doba zákona, kedy platilo „oko za oko a zub za zub". Avšak, to, čo Boh chce, je obriezka srdca - odhodenie nepravdy, alebo hriešnej prirodzenosti srdca, a konať s láskou a milosrdenstvom. A tak, na rozdiel od starozákonných ľudí, ľudia Nového zákona, ktorí prijímajú Ježiša Krista, dostávajú Ducha Svätého ako dar a s pomocou Ducha Svätého majú moc odhodiť hriešnu prirodzenosť z ich sŕdc. Človek nedokáže odhodiť hriech a stať sa spravodlivým len vlastnými silami. Preto prišiel Duch Svätý.

Preto, aby sme sa stali skutočne spravodlivým človekom, potrebujeme pomoc Ducha Svätého. Keď voláme k Bohu v modlitbách, aby sme sa stali spravodlivými, Boh nám dáva milosť a silu a Duch Svätý nám pomáha. Preto môžeme s určitosťou prekonať hriech a z našich sŕdc vytrhnúť hriešne prirodzenosti aj s koreňmi! Keď aj naďalej odhadzujeme hriech, posväcujeme sa a za pomoci Ducha Svätého dosahujeme plnú mieru viery, dostávame viac Božej lásky a stávame sa skutočne spravodlivými ľuďmi.

Prečo sa musíme stať spravodlivými

Môžete sa pýtať: „Skutočne sa musím stať spravodlivým? Nemôžem len veriť v Ježiša do určitej miery a žiť normálny život?" Ale Boh v Zjv 3, 15 - 16 hovorí: „Poznám tvoje skutky, že nie si ani studený, ani horúci. Kiežby si bol studený alebo horúci! Takto, že si vlažný, ani horúci, ani studený, vypľujem ťa zo svojich úst."

Boh nemá rád „priemernú vieru". Vlažná viera je nebezpečná, pretože je veľmi ťažké dlhodobo si udržať tento druh viery. Nakoniec tento druh viery ochladne. Je ako teplá voda. Ak ju na chvíľu necháte vonku, nakoniec sa ochladí a bude studená. Boh hovorí, že ľudí s takouto vierou vypľuje. To znamená, že ľudia s týmto druhom viery nemôžu byť spasení.

Prečo teda musíme byť spravodliví? Ako je napísané v Rim 6, 23: „Lebo mzda hriechu je smrť", hriešnik patrí nepriateľovi diablovi a kráča cestou smrti. Preto sa hriešnik musí odvrátiť od hriechu a stať sa spravodlivým. Iba potom sa môže hriešnik oslobodiť od skúšok, utrpenia a chorôb, ktoré na neho diabol zosielal. Keďže človek žije na tomto svete, je veľmi pravdepodobné, že zažije všetky druhy smutných a ťažkých situácií, ako sú choroby, nehody a smrť. Ak sa však človek stane spravodlivým, také veci sa ho už nebudú týkať.

Preto musíme venovať pozornosť Božiemu Slovu a zachovávať všetky jeho prikázania. Ak budeme žiť spravodlivo, môžeme získať všetky požehnania opísané v Dt 28. A keď naša duša prosperuje, bude sa nám dariť vo všetkých oblastiach nášho života a budeme zdraví.

Ale kým sa nestanete spravodlivým človekom, ktorý bude schopný získať všetky tieto požehnania, budú nasledovať ťažkosti. Napríklad, na získanie zlatej medaily na olympijských hrách musia pretekári prejsť prísnym tréningom. A rovnako, Boh dovolí, aby jeho milované deti čelili určitým skúškam a ťažkostiam v rámci ich schopností podľa miery ich viery, aby ich duša viac prosperovala.

Boh povedal Abrahámovi, aby opustil dom svojho otca a povedal: „Choď stále predo mnou a buď bezúhonný" (Gn 17, 1). Boh ho trénoval a viedol, aby sa stal skutočne spravodlivým človekom. Nakoniec, keď Abrahám prešiel poslednou skúškou obetovania jeho jediného syna Izáka ako zápalnú obetu Bohu, skúšky sa skončili. Odvtedy bol Abrahám neustále požehnaný a vo všetkom sa mu vždy darilo.

Boh nás trénuje, aby naša viera vzrástla a stali sme sa spravodlivými. Keď človek prekoná každú skúšku, Boh ho požehná, a potom ho vedie k ešte väčšej viere. A týmto procesom si stále viac a viac kultivujeme srdce Pána.

Sláva, ktorú dostaneme v nebesiach, bude rôzna v závislosti od toho, koľko hriechov odvrhneme, a do akej miery naše srdce pripomína Kristovo srdce. Ako je napísané v 1 Kor 15, 41: „Iný je jas slnka, iný jas mesiaca a iný jas hviezd; veď hviezda od hviezdy sa líši jasom," veľkosť slávy, ktorú dostaneme v nebi, závisí od toho, akými spravodlivými sa staneme na tomto svete.

Druh detí, ktoré Boh chce, sú tie, ktoré majú skutočnú kvalifikáciu jeho detí - tie, ktoré majú srdce Pána. Títo ľudia vstúpia do Nového Jeruzalema, kde je Boží trón, a budú prebývať na mieste slávy, ktoré svieti ako slnko.

Spravodlivý z viery bude žiť

Ako by sme teda mali žiť, aby sme sa stali spravodlivým človekom? Potrebujeme žiť vo viere, ako je napísané v Rim 1, 17: „Ale spravodlivý z viery bude žiť." Vieru môžeme rozdeliť na dve hlavné kategórie: telesnú vieru a duchovnú vieru. Telesná viera je viera založená na poznaní alebo viera na základe rozumu.

Keď sa človek narodí a rastie, veci, ktoré vidí, počuje a učí sa od svojich rodičov, učiteľov, blízkych a priateľov, ukladajú sa ako poznanie v pamäťovom systéme jeho mozgu. Ak človek verí len vtedy, keď sa niečo zhoduje s poznaním, ktoré už má, nazýva sa to telesná viera. Ľudia, ktorí majú tento druh viery, veria, že niečo môže byť stvorené z niečoho, čo už existuje. Ale nedokážu uveriť alebo akceptovať stvorenie niečoho z ničoho.

Napríklad, nedokážu uveriť, že Boh stvoril nebesia a zem jeho Slovom. Nedokážu uveriť tomu, že Ježiš upokojil búrku tým, že pohrozil vetru a prikázal moru: „Utíš sa!" (Mk 4, 39). Boh otvoril ústa osla, ktorý potom na jeho príkaz začal rozprávať. Cez Mojžiša rozdelil Červené more. Dokonca spôsobil zosypanie obrovských hradieb Jericha, keď Izraeliti jednoducho pochodovali okolo neho a vykrikovali. Tieto udalosti vôbec nedávajú zmysel v poznaní a úvahách priemerného človeka.

Ako môže byť rozdelené more, len preto, že niekto smerom k nemu zdvihne palicu? Ak to, však, urobí Boh, pre ktorého nič nie je nemožné, stane sa to! Človek, ktorý vyznáva vieru v Boha, a napriek tomu nemá duchovnú vieru, nebude veriť, že sa tieto udalosti skutočne stali. A tak človek, ktorý má telesnú vieru, nemá vieru veriť, preto prirodzene nedokáže poslúchať

Božie Slovo. Preto nemôže dostať odpovede na jeho modlitby a nemôže získať spásu. Preto sa jeho viera nazýva „mŕtva viera".

Naopak, duchovná viera - viera veriť v stvorenie niečoho z ničoho - nazýva sa „živá viera". Ľudia s týmto druhom viery zničia ich telesné myšlienky a nebudú sa snažiť pochopiť incident alebo situáciu výlučne na základe vlastného poznania a myšlienok. Tí, ktorí majú duchovnú vieru, majú vieru prijať všetko v Biblii tak, ako to je. Duchovná viera je viera, ktorá verí v nemožné. A pretože vedie človeka k spáse, nazýva sa „živá viera". Ak sa chcete stať spravodlivými, musíte mať duchovnú vieru.

Ako získať duchovnú vieru

Aby sme mali duchovnú vieru, musíme sa najprv zbaviť všetkých myšlienok a teórií v našej mysli, ktoré nám bránia v získaní duchovnej viery. Ako je napísané v 2 Kor 10, 5, musíme zničiť špekulácie a každú povýšenosť, čo sa dvíha proti poznávaniu Boha, a zviazať každú myšlienku na poslušnosť Kristovi.

Poznanie, teórie, intelekt a hodnoty, ktoré sa človek učí od narodenia, nie sú vždy pravdivé. Len Božie Slovo je absolútnou a večnou pravdou. Ak trváme na tom, že naše obmedzené ľudské poznanie a teórie sú pravdivé, potom neexistuje spôsob, ako by sme mohli prijať Božie Slovo ako pravdu. A preto nebudeme schopní mať duchovnú vieru. To je dôvod, prečo je pre nás také dôležité, aby sme v prvom rade zničili tento druh myslenia.

Navyše, aby sme mali duchovnú vieru, musíme dôsledne počúvať Božie Slovo. Rim 10, 17 hovorí, že viera je z počutia;

preto musíme počúvať Božie Slovo. Ak nepočujeme Božie Slovo, nebudeme vedieť, čo je pravda – preto v nás nemôže byť duchovná viera. Keď počúvame Božie Slovo alebo svedectvá iných ľudí počas bohoslužieb a na rôznych cirkevných stretnutiach, začne v nás klíčiť viera, aj keď to na začiatku môže byť viera ako poznanie.

A aby sme túto vieru založenú na poznaní premenili na duchovnú vieru, musíme konať podľa Božieho Slova. Ako je napísané v Jak 2, 22, viera spolupôsobí s ľudskými skutkami a v dôsledku skutkov je viera zdokonalená.

Ten, kto miluje bejzból, nemôže sa stať skvelým hráčom bejzbólu preto, že číta o bejzbóle veľa kníh. Keď si nahromadí poznanie, musí teraz tvrdo trénovať podľa poznania, ktoré získal, aby sa stal skvelým hráčom bejzbólu. Rovnako, bez ohľadu na to, koľko budete čítať Bibliu, ak vaše skutky neodrážajú to, čo ste čítali, vaša viera zostane len ako viera založená na poznaní a nebudete môcť získať duchovnú vieru. Keď to, čo ste počuli, vykonáte v skutku, to je to, kedy vám Boh dáva duchovnú vieru - vieru skutočne veriť z hĺbky vášho srdca.

A teda, ak niekto skutočne zo srdca verí v Božie Slovo, ktoré hovorí: „Vždy sa radujte; neprestajne sa modlite; za všetko vzdávajte vďaky," aké skutky by konal? Samozrejme, že sa bude radovať za veselých okolností. Ale bude sa tiež radovať, keď nastanú ťažké chvíle. S radosťou všetko vloží do Božích rúk. Bez ohľadu na to, aký je zaneprázdnený, bude mať čas na modlitbu. A bez ohľadu na to, aké sú okolnosti, vždy bude ďakovať, veriac, že jeho modlitby budú vyslyšané, pretože verí vo všemohúceho Boha.

Keď budeme týmto spôsobom poslúchať Božie Slovo, Boh bude našou vierou potešený a odstráni skúšky a utrpenia a odpovedie na naše modlitby, aby sme mali dôvody na radosť a vzdávanie vďaky. Keď sa dôsledne modlíme, s pomocou Ducha Svätého odhadzujeme zo srdca nepravdy a konáme podľa Božieho Slova, potom sa naša viera založená na poznaní stane akoby podstavcom, na ktorom nám Boh dáva duchovnú vieru.

Ak máme duchovnú vieru, budeme poslúchať Božie Slovo. Keď sa s vierou budeme snažiť vykonať niečo, čo nedokážeme, potom nám Boh pomôže to vykonať. Preto je veľmi jednoduché získať finančné požehnanie. Ako je zaznamenané v Mal 3, 10, keď dávame desiatky, Boh nás tak veľmi požehná, že náš sklad bude pretekať! Pretože veríme, že keď sejeme, budeme žať 30, 60, 100-násobne viac, budeme siať s radosťou. Toto je spôsob ako s vierou, spravodliví získavajú Božiu lásku a požehnanie.

Spôsoby, ako žiť vo viere

V našom každodennom živote narážame na Červené more, ktoré je pred nami, „Jericho", ktorého hradby musíme zničiť a „rieku Jordán", ktorá vyteká. Keď čelíme týmto problémom, kráčanie v pravde znamená žiť vo viere. Napríklad, ak máme telesnú vieru a niekto nás udrie, budeme mu to chcieť vrátiť a nenávidieť ho za to. Ale ak máme duchovnú vieru, nebudeme toho druhého nenávidieť, ale budeme ho milovať. Keď máme tento druh živej viery - viery, aby sme konali podľa Božieho Slova - nepriateľ diabol od nás utečie a naše problémy budú vyriešené.

Spravodliví, ktorí žijú vo viere, budú milovať Boha, budú

poslúchať a dodržiavať jeho prikázania a konať podľa pravdy. Z času na čas sa ľudia pýtajú: „Ako je možné zachovávať všetky prikázania?" Tak, ako je správne, aby si dieťa ctilo svojich rodičov, a aby sa manželia navzájom milovali, ak sa nazývame Božími deťmi, je len správne, aby sme zachovávali jeho príkazy.

Pre nových veriacich, ktorí ešte len začali chodiť do kostola, môže byť zo začiatku ťažké zatvoriť obchod v nedeľu. Počujú, že ich Boh požehná, ak budú nedeľu svätiť tým, že zatvoria obchod, ale na začiatku môže byť ťažké tomu uveriť. Preto v niektorých prípadoch sa môžu zúčastniť len rannej nedeľnej bohoslužby a v popoludňajších hodinách obchod otvoriť.

Na druhej strane, zrelí veriaci nemajú so ziskom problém. Ich prvoradou prioritou je poslúchať Božie Slovo, takže poslúchnu a obchod v nedeľu zatvoria. Potom Boh vidí ich vieru a zaručí, že budú mať oveľa väčší zisk ako ten, ktorý by získali, keby obchod v nedeľu otvorili. Ako im Boh sľúbil, ochráni ich pred stratou a požehná ich mierou natlačenou, pretrepanou a pretekajúcou.

To platí aj pre odhadzovanie hriechov. Hriechy ako nenávisť, žiarlivosť a žiadostivosť je ťažké odhodiť, ale je to možné, keď sa horlivo modlíme. Keď moje hriechy nemohli byť odhodené iba modlitbou, odstránil som ich pôstom. Ak na to trojdňový pôst nestačil, postil som sa päť dní. Ak ani to nefungovalo, snažil som sa postiť sedem dní, a potom desať dní. Postil som sa až dovtedy, kým nebol hriech odhodený. Potom som zistil, že odhadzujem hriechy, len aby som sa vyhol pôstu!

Ak môžeme odhodiť tie hriechy, ktoré je najťažšie odhodiť, potom ostatné hriechy odhodíme ľahko. Je to ako vykoreniť strom vytiahnutím jeho koreňov. Ak vytiahneme hlavný koreň, vyjdú von aj všetky ostatné malé korene.

Ak milujeme Boha, zachovávanie jeho prikázaní nie je ťažké. Ako môže niekto, kto miluje Boha, neposlúchať jeho Slovo? Milovať Boha znamená poslúchať jeho Slovo. Preto, ak ho milujete, dokážete zachovávať všetky jeho prikázania. Sú vaše problémy také veľké ako Červené more alebo také mohutné ako hradby Jericha?

Ak budeme mať duchovnú vieru, konať s vierou a kráčať cestou spravodlivosti, potom Boh vyrieši všetky naše zložité problémy a zoberie naše utrpenie. Čím spravodlivejšími sa stávame, tým rýchlejšie sa vyriešia naše problémy, a tým rýchlejšie sú naše modlitby vyslyšané! A preto dúfam, že sa budete tešiť nielen z hojného života na tomto svete, ale aj z večného požehnania v nebesiach, a budete kráčať s vierou ako spravodlivý Boží človek!

Slovník

Myšlienky, teórie a rámce mysle

„Myšlienka" je prostredníctvom práce duše vyvolaním poznania uloženého v pamäťovom systéme mozgu. Tieto myšlienky možno rozdeliť na dva druhy: telesné myšlienky, ktoré sú proti Bohu, a duchovné myšlienky, ktoré Boha potešujú. Ak z poznania, ktoré je uložené v našej pamäti, vyberieme to, čo je pravda, budeme mať duchovné myšlienky. Naopak, ak z neho vyberieme to, čo je nepravda, budeme mať telesné myšlienky.

„Teória" je logika, ktorú si človek ustanoví na základe poznania získaného prostredníctvom jeho skúseností, intelektu alebo vzdelávania. Teória sa u ľudí líši v závislosti od skúseností, myšlienok alebo éry každého človeka. Vytvára spory a mnohokrát ide proti Božiemu Slovu.

„Rámec" je mentálny rámec, s ktorým človek verí, že má pravdu. Tieto rámce sa vytvárajú utvrdzovaním vlastnej spravodlivosti človeka. Z tohto dôvodu sa pre niektorých ľudí stáva samotná ich osobnosť rámcami a pre iných sa môžu stať rámcami ich poznanie a teórie. Musíme počúvať Božie Slovo a pochopiť pravdu, aby sme v našich mysliach objavili tieto rámce a zničili ich.

Kapitola 8

Na poslušnosť Kristovi

„Veď hoci žijeme v tele, nevedieme boj podľa tela. Zbrane nášho boja nie sú telesné, ale od Boha majú moc zboriť hradby. Nimi rúcame ľudské výmysly a každú povýšenosť, čo sa dvíha proti poznávaniu Boha, a nimi viažeme každú myšlienku na poslušnosť Kristovi."
(2 Kor 10, 3 - 6)

Ak prijmeme Ježiša Krista a staneme sa spravodlivým človekom, ktorý má duchovnú vieru, môžeme od Boha dostať neuveriteľné požehnanie. Môžeme nielen vzdať slávu Bohu uskutočnením mocného Božieho diela, ale aj získať odpovede na všetko, o čo v modlitbe prosíme, a môžeme viesť životy, ktoré prosperujú vo všetkých oblastiach.

Existujú však ľudia, ktorí vyznávajú, že veria v Boha, a napriek tomu nezachovávajú Božie Slovo, a tak nemôžu dosiahnuť Božiu spravodlivosť. Vyznávajú, že sa modlia a tvrdo pracujú pre Pána, a napriek tomu nedostávajú požehnanie a neustále čelia skúškam, súženiam a chorobám. Ak má človek vieru, musí žiť podľa Božieho Slova a dostane jeho bohaté požehnanie. Ale prečo to veriaci nedokážu? Je to preto, lebo sa aj naďalej držia telesných myšlienok.

Telesné myšlienky, ktoré sú nepriateľstvom voči Bohu

Výraz „telo" sa vzťahuje na ľudské telo spojené s hriešnou prirodzenosťou. Tieto hriešne prirodzenosti sú nepravdy, ktoré sú v srdci, a zatiaľ sa ešte neuskutočnili v skutku. Keď tieto nepravdy vychádzajú na povrch v podobe myšlienok, tieto myšlienky sa nazývajú „telesné myšlienky". Keď máme telesné myšlienky, nemôžeme úplne nasledovať pravdu. Rim 8, 7 hovorí: „Pretože zmýšľanie tela je nepriateľstvom voči Bohu — nepodrobuje sa totiž Božiemu zákonu; veď sa ani nemôže."

A teda, presnejšie, čo sú tieto telesné myšlienky? Existujú dva druhy myšlienok. Prvými sú duchovné myšlienky, ktoré nám pomáhajú konať podľa pravdy, teda Božích zákonov, a ostatné sú telesné myšlienky, ktoré nám bránia konať podľa Božích zákonov (Rim 8, 6). Výberom medzi pravdou a nepravdou môžeme mať buď duchovné myšlienky, alebo telesné myšlienky.

Niekedy, keď vidíme niekoho, koho nemáme radi, na jednej strane, môžeme mať myšlienky nemať tohto človeka rád v dôsledku zlých pocitov voči nemu. Na druhej strane, môžeme mať myšlienky pokúsiť sa tohto človeka milovať. Ak uvidíme svojho blížneho, ktorý má niečo naozaj pekné, mohli by sme mať myšlienku to od neho ukradnúť, alebo myšlienku, že nesmieme žiadať majetok svojho blížneho. Myšlienky, ktoré sú v súlade s Božím zákonom, ktorý hovorí: „Milujte svojho blížneho" a „Nežiadajte", sú duchovné myšlienky. Ale myšlienky, ktoré vás nútia nenávidieť a kradnúť, sú v rozpore s Božími zákonmi; a sú teda telesnými myšlienkami.

Telesné myšlienky sú nepriateľstvom voči Bohu; preto zabraňujú nášmu duchovnému rastu a stoja proti Bohu. Ak budeme nasledovať telesné myšlienky, vzdialime sa od Boha, podľahneme sekulárnemu svetu, a nakoniec budeme čeliť skúškam a súženiu. Je veľa vecí, ktoré vidíme, počujeme a učíme sa na tomto svete. Mnohé z nich sú proti Božej vôli a sú rozptýlením našej cesty vo viere. Musíme si uvedomiť, že všetky tieto veci sú telesnými myšlienkami, ktoré sú nepriateľstvom voči Bohu. A keď objavíme tieto myšlienky, musíme sa ich dôkladne zbaviť. Bez ohľadu na to, aké správne sa vám to zdá, ak to nie je v súlade s Božou vôľou, je to telesná myšlienka, a preto je nepriateľstvom voči Bohu.

Pozrime sa na prípad Petra. Keď Ježiš povedal učeníkom o tom, ako bude musieť ísť do Jeruzalema, aby bol ukrižovaný, a potom tretí deň vstane z mŕtvych, Peter povedal: „Nech ti je Boh milostivý, Pane! To sa ti nesmie stať!" (Mt 16, 22). Ale na to mu Ježiš povedal: „Choď za mňa, satan! Si mi na pohoršenie, lebo nemyslíš na Božie veci, ale na ľudské." (Mt 16, 23)

Peter, ako pravá ruka Ježiša, to povedal z lásky k svojmu učiteľovi. Ale bez ohľadu na to, aký dobrý bol jeho úmysel, jeho slová boli proti Božej vôli. Pretože to bola Božia vôľa, aby Ježiš vzal kríž a otvoril dvere spásy, Ježiš odvrhol satana, ktorý sa snažil odviesť Petrovu pozornosť cez jeho myšlienky. Nakoniec, keď Peter zažil Ježišovu smrť a zmŕtvychvstanie, uvedomil si, aké bezcenné a nepriateľské sú telesné myšlienky voči Bohu a úplne zničil tieto myšlienky. V dôsledku toho sa Peter stal kľúčovým človekom pri šírení Kristovho evanjelia a pri zakladaní prvej cirkvi.

„Vlastná spravodlivosť" - jedna z hlavných telesných myšlienok

Spomedzi všetkých rôznych druhov telesných myšlienok je „vlastná spravodlivosť" hlavným príkladom. Jednoducho povedané, „vlastná spravodlivosť" je tvrdenie, že máte pravdu. Po narodení sa človek naučí veľa vecí od svojich rodičov a učiteľov. Naučí sa aj veci cez svojich priateľov a rôzne prostredia, ktorým je vystavený.

Ale bez ohľadu na to, akí úžasní sú rodičia a učitelia človeka, nie je ľahké, aby sa človek naučil len pravdu. Je pravdepodobnejšie, že sa naučí veľa vecí, ktoré sú proti Božej vôli. Samozrejme, každý sa snaží vyučovať to, čo si myslí, že je správne; avšak, keď sa na to pozrieme Božím štandardom spravodlivosti, takmer všetko je nepravda. Veľmi málo z toho je pravda. Je to preto, že okrem samotného Boha nie je nikto dobrý (Mk 10, 18; Lk 18, 19).

Napríklad, Boh nám hovorí, aby sme zlo odplácali dobrom. Hovorí nám, že ak vás niekto núti, aby ste s ním išli jednu míľu, choďte s ním dve míle. Ak vám niekto vezme plášť, mali by ste mu dať aj košeľu. Učí nás, že ten, kto slúži, je väčší; a že ten, kto dáva a obetuje sa, je nakoniec pravým víťazom. Ale to, čo ľudia považujú za „spravodlivosť", líši sa od človeka k človeku. Učíme sa, že musíme odplácať zlo zlom a musíme stáť proti zlu až do konca, až kým ho neporazíme.

Tu je jednoduchý príklad. Vaše dieťa ide navštíviť svojho kamaráta a vráti sa domov s plačom. Jeho tvár vyzerá, ako keby bola poškriabaná nechtami. V tomto okamihu sa väčšina rodičov veľmi nahnevá a začne trestať svoje dieťa. V niektorých vážnych prípadoch môže rodič povedať: „Nabudúce len tak neseď a brán sa. Vráť mu to!" Učia svoje dieťa, že byť niekým zbitý je znakom slabosti alebo prehry.

Existujú aj ľudia, ktorí môžu trpieť nejakým ochorením. Bez ohľadu na to, ako sa môže ich opatrovateľ cítiť, požadujú to i ono, aby sa oni cítili pohodlnejšie. Z pohľadu chorého človeka ide o to, že keďže je jeho bolesť veľká, myslí si, že jeho skutky sú oprávnené. Boh nás však učí, aby sme sa neusilovali o vlastný prospech, ale aby sme hľadali prospech druhých. Toto je to, ako veľmi sa odlišujú ľudské myšlienky od myšlienok Boha. Ľudský štandard spravodlivosti a Boží štandard spravodlivosti sú veľmi odlišné.

V Gn 37, 2 vidíme Jozefa, ktorý z vlastnej spravodlivosti z času na čas otcovi poukazoval na priestupky jeho bratov. Z jeho pohľadu išlo o to, že sa mu nepáčili bezprávne skutky bratov. Ak by mal Jozef v jeho srdci trochu viac dobroty, hľadal by Božiu múdrosť a našiel by lepšie a pokojnejšie riešenie problému bez toho, aby bratom spôsoboval ťažkosti. Avšak, kvôli jeho vlastnej spravodlivosti bol bratmi nenávidený a ich rukami bol predaný do otroctva v Egypte. Preto, ak týmto spôsobom urazíte iného človeka kvôli tomu, že to, čo si myslíte, je podľa vás „spravodlivé", potom sa môžete stretnúť s týmto druhom súženia.

Čo sa však stalo s Jozefom, keď si uvedomil Božiu spravodlivosť skrze skúšky a súženia, ktorým čelil? Odhodil vlastnú spravodlivosť a získal pozíciu predsedu vlády v Egypte a právomoc vládnuť nad mnohými ľuďmi. Dokonca zachránil svoju rodinu pred veľkým hladom, vrátane jeho bratov, ktorí ho predali do otroctva. Bol tiež použitý ako základ pre vznik izraelského národa.

Apoštol Pavol zničil jeho telesné myšlienky

Vo Flp 3, 7 - 9 Pavol povedal: „No to, čo mi bolo ziskom, som pre Krista pokladal za stratu. A vôbec, všetko pokladám za stratu pre vznešenosť poznania Krista Ježiša, môjho Pána. Pre neho som všetko ostatné stratil a pokladám to za odpad, aby som získal Krista a bol v ňom..."

Narodil sa v Tarsuse, hlavnom meste Cilície. Keďže bol občanom Ríma, ktorý v tom čase vládol nad svetom, znamená to, že má značnú spoločenskú moc. Okrem toho, Pavol bol ortodoxným farizejom z kmeňa Benjamína (Sk 22, 3) a študoval pod Gamalielom, najlepším učiteľom tej doby.

Pavol bol ako najhorlivejší zo Židov v popredí prenasledovania kresťanov. V skutočnosti bol na ceste do Damašku, aby zatkol kresťanov, ktorí tam boli, keď sa stretol s Ježišom Kristom. Vďaka tomuto stretnutiu s Pánom si Pavol uvedomil svoje zlé skutky a s určitosťou spoznal, že Ježiš Kristus je skutočne pravým Spasiteľom. Od tohto okamihu zaprel jeho vzdelanie, hodnoty a spoločenské postavenie a nasledoval Pána.

Aký je dôvod toho, že po stretnutí s Ježišom Kristom Pavol považoval za márnosť všetko, čo dovtedy získal? Uvedomil si, že všetko jeho poznanie pochádzalo od človeka, od obyčajného stvorenia, a preto bolo veľmi obmedzené. Tiež pochopil, že človek môže získať život a tešiť sa z večného šťastia v nebi tým, že verí v Boha a prijíma Ježiša Krista, a že počiatkom poznania a všetkého pochopenia je v skutočnosti Boh.

Pavol si uvedomil, že odborné poznanie tohto sveta je nevyhnutné len pre život na tomto svete, ale poznanie Ježiša Krista je najušľachtilejšou formou poznania, ktoré dokáže vyriešiť základný problém človeka. Zistil, že v poznaní o Ježišovi Kristovi je neobmedzená moc a autorita, poklady, česť a bohatstvo. Pretože v túto skutočnosť veril tak pevne, považoval za márnosť a odpad všetko jeho odborné poznanie a chápanie tohto sveta. Bolo to preto, aby mohol získať Krista a nájsť sa v ňom.

Ak je niekto tvrdohlavý a myslí si „ja viem", je plný seba samého a myslí si „vždy mám pravdu", potom nikdy nebude schopný objaviť svoje pravé ja a vždy si bude myslieť, že je najlepší. Tento typ človeka nebude počúvať ostatných so skromným srdcom; preto sa nemôže nič naučiť a nič nechápe. Pavol však stretol Ježiša Krista, najväčšieho učiteľa všetkých čias. A aby prijal jeho učenie za svoje, odhodil všetky jeho telesné myšlienky, ktoré kedysi považoval za absolútne správne. Toto sa stalo preto, lebo Pavol musel odhodiť telesné myšlienky, aby získal ušľachtilé poznanie Krista.

Preto apoštol Pavol dokázal dosiahnuť spravodlivosť, ktorá potešila Boha, ako vyznal: „a bol v ňom ako človek bez vlastnej spravodlivosti, ktorá je zo zákona, ale aby som mal spravodlivosť skrze vieru v Krista, spravodlivosť z Boha, založenú na viere" (Flp 3, 9).

Spravodlivosť, ktorá pochádza od Boha

Pred stretnutím s Pánom apoštol Pavol prísne zachovával zákon a považoval sa za spravodlivého. Ale po stretnutí s Pánom a získaní daru Ducha Svätého objavil svoje pravé ja a vyznal: „Ježiš Kristus prišiel na svet spasiť hriešnikov. Ja som prvý z nich" (1 Tim 1, 15). Uvedomil si, že má v sebe prvotný hriech a vlastné hriechy/skutočné hriechy, a že ešte nedosiahol pravú, duchovnú lásku. Keby bol od začiatku spravodlivý a kráčal vo viere, ktorá potešovala Boha, spoznal by, kto je Ježiš, a od začiatku by mu slúžil. Ale Spasiteľa nespoznal, a namiesto toho sa podieľal na prenasledovaní tých, ktorí verili v Ježiša. Takže v skutočnosti sa nijako nelíšil od farizejov, ktorí pribili Ježiša na kríž.

V dobe Starého zákona museli platiť okom za oko a zubom za zub. Ak niekto spáchal vraždu alebo cudzoložstvo, podľa zákona musel byť ukameňovaný na smrť. Farizeji však nechápali pravé Božie srdce obsiahnutému v zákone. Prečo by Boh lásky vytvoril takéto pravidlá?

V dobe Starého zákona Duch Svätý ešte neprišiel do sŕdc ľudí. Bolo pre nich ťažšie kontrolovať ich skutky ako pre tých, ktorí v dobe Nového zákona dostali dar Ducha Svätého, Tešiteľa. A tak, ak by neexistoval žiaden trest, ale len odpustenie, hriech by sa mohol veľmi rýchlo rozšíriť. Preto, aby sa zabránilo páchaniu hriechov ľuďmi a šíreniu hriechov, museli zaplatiť životom za život, okom za oko, zubom za zub a nohou za nohu. Navyše, vražda a cudzoložstvo sú vážne a zlé hriechy, a to aj podľa svetského štandardu. Človek, ktorý sa dopúšťa týchto druhov hriechov, má veľmi zatvrdené srdce. Pre takéhoto človeka by bolo veľmi ťažké odvrátiť sa od jeho ciest. A tak, keďže nemôže získať spásu a pôjde do pekla, bolo lepšie, ak bol ukameňovaný a tento trest slúžiť ako varovanie a poučenie pre ostatných ľudí.

Aj to je Božia láska, ale Boh nikdy nemal v úmysle ani netúžil po tom, aby človek získal úradnú formu viery, kde človek musel platiť okom za oko a zubom za zub. V Dt 10, 16 Boh povedal: „Preto si obrežte svoje neobrezané srdce a nebuďte už takí zatvrdnutí." A Jer 4, 4 hovorí: „Obrežte sa pre Pána, odstráňte predkožku svojho srdca, muži Judska a obyvatelia Jeruzalema, aby nevyšľahol môj hnev ako oheň a nehorel neuhasiteľne pre zlobu vašich skutkov."

Môžete vidieť, že aj v dobe Starého zákona tí proroci, ktorých Boh uznal, nemali úradnú vieru. Je to preto, že to, čo Boh skutočne chce, je duchovná láska a súcit. Ako Ježiš Kristus naplnil zákon s láskou, tí proroci a patriarchovia, ktorí dostali Božiu lásku a požehnanie, hľadali lásku a pokoj.

Keď synovia Izraela stáli na pokraji smrti tým, že sa dopustili neodpustiteľného hriechu, Mojžiš sa prihováral v ich mene a prosil Boha o výmenu jeho spásy za ich. Ale Pavol nebol taký predtým, ako sa stretol s Ježišom Kristom. V Božích očiach nebol spravodlivý. Bol spravodlivý len v jeho vlastných očiach.

Až po stretnutí s Kristom považoval za márnosť všetko, čo predtým vedel, a začal šíriť vznešené poznanie Krista. Zo svojej lásky k dušiam Pavol zakladal kostoly všade, kam šiel, a obetoval svoj život evanjeliu. Žil najcennejší a najvzácnejší život.

Saul neposlúchol Boha v dôsledku telesných myšlienok

Saul je najlepším príkladom človeka, ktorý sa postavil proti Bohu kvôli jeho telesným myšlienkam. Saul bol pomazaný prorokom Samuelom a bol prvým kráľom Izraela, ktorý vládol národu 40 rokov. Predtým, ako sa stal kráľom, bol pokorným mužom. Ale potom, čo sa stal kráľom, pomaly začal pyšnieť. Napríklad, keď sa Izrael pripravoval ísť do vojny s Filištíncami a prorok Samuel neprišiel v stanovenom čase a ľud sa začal rozchádzať, aj keď mohol obetu na oltári priniesť iba kňaz, Saul sám priniesol obetu, čo bolo proti Božej vôli. A keď ho Samuel pokarhal za to, že nerešpektoval posvätné hranice kňaza, namiesto pokánia sa Saul len rýchlo vyhováral.

A keď mu Boh povedal, aby „úplne zničil Amálekov", neposlúchol. Namiesto toho, zajal kráľa. Dokonca ušetril najlepší dobytok a priviedol ho späť domov. Pretože dovolil, aby do neho vstúpili telesné myšlienky, vlastné myšlienky povýšil nad Božie Slovo. A napriek tomu žiadal jeho ľud, aby ho povýšil. Nakoniec, Boh odvrátil od neho jeho tvár a bol mučený zlými duchmi. Ale aj za týchto okolností sa odmietol odvrátiť od zla a pokúsil sa zabiť Dávida, toho, ktorého Boh pomazal. Boh dal Saulovi veľa šancí na obrátenie, ale on nedokázal odhodiť telesné myšlienky, a znova neposlúchol Boha. Nakoniec kráčal cestou smrti.

Spôsob, ako vierou dosiahnuť Božiu spravodlivosť

Ako môžeme odhodiť telesné myšlienky, ktoré sú nepriateľstvom voči Bohu a stať sa spravodlivými v očiach Boha?

Musíme zničiť všetky špekulácie a každú povýšenosť, čo sa dvíha proti poznávaniu Boha, a zviazať každú myšlienku na poslušnosť Kristovi (2 Kor 10, 5).

Poslúchať Krista neznamená byť spútaní alebo skľúčení. Je to cesta k požehnaniu a večnému životu. Preto tí, ktorí prijali Ježiša Krista ako svojho Spasiteľa a zažili úžasnú lásku Boha, zachovávajú jeho Slovo a usilujú sa o napodobňovanie jeho srdca.

Preto, aby sme dosiahli Božiu spravodlivosť skrze vieru v Ježiša Krista, musíme odhodiť každé zlo (1 Tes 5, 22) a snažiť sa dosiahnuť dobro. Nebudete mať telesné myšlienky, ak vo vašom srdci nemáte nepravdy. Konáte zlo a dostávate diela satana do tej miery, do akej v sebe máte nepravdu. Preto poslúchať Krista znamená odhadzovať nepravdu, ktorá je v našom vnútri, poznať Božie Slovo a podľa neho aj konať.

Ak nám Boh povie, aby sme sa „usilovali o spoločné stretnutie", potom bez toho, aby sme zapájali naše vlastné myšlienky, mali by sme sa usilovať o to stretnutie. Keď sa zúčastňujeme bohoslužieb, mali by sme chápať Božie cesty a zodpovedajúcim spôsobom poslúchať. Avšak, iba poznať Božie Slovo neznamená, že podľa neho môžeme okamžite konať. Musíme sa modliť, aby sme dostali silu na to, aby sme mohli podľa Slova konať. Keď sa modlíme, budeme plní Ducha Svätého a môžeme odhodiť telesné myšlienky. Ale ak sa nebudeme modliť, naše telesné myšlienky nás zviažu a zvedú nás z cesty.

Preto by sme sa mali modliť, zatiaľ čo sa usilovne snažíme žiť podľa Božieho Slova. Predtým, ako sme sa stretli s Ježišom Kristom, mohli sme nasledovať túžby tela, hovoriac: „Odpočívajme, tešme sa, pijme a jedzme a veseľme sa." Ale po stretnutí s Ježišom Kristom by sme mali rozmýšľať o tom, ako môžeme dosiahnuť jeho kráľovstvo a jeho spravodlivosť a mali by sme tvrdo pracovať na tom, aby sme dokázali konať s vierou. Mali by sme v sebe nájsť zlo, ako je nenávisť a žiarlivosť, ktoré sú v rozpore s Božím Slovom, a odhodiť ich. Mali by sme urobiť to, čo robil Ježiš - milovať našich nepriateľov a ponížiť sa službou druhým. Potom to bude znamenať, že dosahujeme Božiu spravodlivosť.

Dúfam, že budete schopní zničiť špekulácie a každú povýšenosť, čo sa dvíha proti poznávaniu Boha, a zviazať každú myšlienku na poslušnosť Kristovi, ako to urobil apoštol Pavol, aby ste dostali múdrosť a pochopenie od Boha a stali sa spravodlivým človekom, ktorému sa vo všetkom darí.

Slovník

Spravodlivosť viery, poslušnosti a skutkov
Spravodlivosť viery znamená vidieť pozitívne očami viery, namiesto toho, aby sme jednoducho videli realitu takú, aká je, vierou v Božie Slovo. Znamená to nespoliehať sa na vlastné myšlienky a schopnosti, ale iba na Božie Slovo.

Spravodlivosť poslušnosti nie je len poslúchať príkaz, ktorý je možné vykonať vlastnými silami. Je to v pravde poslúchnuť príkaz, o ktorom si človek myslí, že je nemožné vykonať. Ak má človek spravodlivosť viery, môže dosiahnuť aj spravodlivosť poslušnosti. Človek, ktorý dosiahol spravodlivosť poslušnosti na základe jeho spravodlivosti viery, môže s vierou poslúchnuť aj za realisticky nemožných okolností.

Spravodlivosť skutkov je schopnosť konať podľa Božej vôle bez akýchkoľvek výhovoriek, pokiaľ je to niečo, čo Boh chce. Schopnosť vykonávať spravodlivosť skutkov je u každého človeka iná v závislosti od charakteru človeka a charakteru srdca. Čím viac človek ignoruje vlastný prospech a usiluje sa o prospech druhých, tým viac môže dosiahnuť tento druh spravodlivosti.

Kapitola 9

Koho Pán odporúča

„Veď nie ten je osvedčený, kto sám seba odporúča, ale ten, koho odporúča Pán."
(2 Kor 10, 18)

Bez ohľadu na to, v akej oblasti pracujeme, ak vynikáme v tom, čo robíme, môžeme byť odporúčaní. Existuje však rozdiel medzi odporúčaním náhodným človekom a odporúčaním odborníkom v danej oblasti. Ak nás teda odporúča náš pán, Kráľ kráľov, Pán pánov, potom táto radosť nebude porovnateľná s ničím na tomto svete!

Koho Pán odporúča

Boh chváli tých ľudí, ktorých srdcia sú spravodlivé a vydávajú vôňu Krista. V Biblii nie je príliš veľa prípadov, kde by Ježiš niekoho chválil. Ale keď to urobil, nebolo to bezprostredné, ale urobil to nepriamo slovami, ako: „Urobil si správnu vec." „Pamätaj na to." „Ohlasuj to."

V Lk 21 vidíme chudobnú vdovu, ktorá darovala dve malé medené mince. Ježiš pochválil túto vdovu za to, že obetovala všetko, čo mala, a povedal: „Veru, hovorím vám, táto chudobná vdova vhodila viac ako všetci. Lebo oni dali časť zo svojho nadbytku, ale ona pri svojej chudobe dala všetko, čo mala, celé svoje živobytie." (v 3 - 4)

V Mk 14 sa stretávame so scénou, kde žena vyliala na Ježišovu hlavu drahý parfém. Niektorí ľudia, ktorí tam boli, ju za to pokarhali a povedali: „Veď tento voňavý olej sa mohol predať za viac ako tristo denárov a peniaze sa mohli dať chudobným. A osopovali sa na ňu." (v 5)

Na to Ježiš odpovedal: „Chudobných predsa máte vždy medzi sebou. Keď im chcete pomôcť, môžete to vždy urobiť. Ale mňa nemáte vždy. Urobila, čo mohla. Už vopred pomazala moje telo na pohreb. Amen, hovorím vám: Kdekoľvek na svete sa bude ohlasovať evanjelium, bude sa na jej pamiatku hovoriť aj o tom, čo vykonala." (v 6 - 9)

Ak chcete byť takto Pánom odporučení, musíte najskôr robiť to, čo by ste mali robiť. Poďme sa teda konkrétnejšie pozrieť na to, čo by sme mali ako Boží ľudia robiť.

Byť Bohom osvedčený

1) Usilovne stavajte Bohu oltár

Gn 12, 7 - 8 hovorí: „Abrámovi sa zjavil Pán a povedal mu: „Túto krajinu dám tvojmu potomstvu." Potom tam postavil oltár Pánovi, ktorý sa mu zjavil. Odtiaľ odišiel do pohoria na východ od Bételu a tam si rozložil stan. Na západ od neho bol Bétel, na východ Aj. Tam postavil Pánovi oltár a vzýval Pánovo meno." Navyše, v Gn 13, 4 a 13, 18 je tiež zaznamenané, že Abrahám postavil Bohu oltár.

V Gn 28 vidíme záznam o tom, ako Jákob postavil Bohu oltár. Zatiaľ čo Jákob utekal pred jeho bratom, ktorý sa ho snažil zabiť, prišiel na miesto, kde zaspal s hlavou na kameni. V sne videl rebrík, ktorý siahal do neba, a videl Božích anjelov chodiť hore a dole po rebríku a počul Boží hlas. Keď sa ráno zobudil, Jákob vzal kameň, na ktorom ležal, postavil ho ako stĺp, vylial naň olej a chválil tam Boha.

V dnešnom slova zmysle je stavanie oltára Bohu ekvivalentom chodenia do kostola a účasti na bohoslužbách. Znamená to priniesť skutočný dar z hĺbky srdca a vzdávať vďaky; znamená to počúvať Božie Slovo a prijímať ho ako potravu pre srdce. Znamená to brať Slovo, ktoré sme počuli a podľa neho konať. Ak týmto spôsobom uctievame v duchu a v pravde a konáme podľa Slova, Boh je nami potešený a vedie nás k životu požehnaní.

2) Modlite sa modlitby, ktoré chce Boh počuť

Modlitba je duchovné dýchanie. Je to rozhovor s Bohom. Význam modlitby je zdôraznený na mnohých miestach v Biblii. Samozrejme, aj keď Bohu nehovoríme o každej chvíli, on vie všetko. Avšak, pretože chce s nami komunikovať a deliť sa s nami o lásku, Boh v Mt 7, 7 prisľúbil: „Proste a dostanete."

Aby naša duša prosperovala a išla do neba, musíme sa modliť. Až keď budeme naplnení milosťou a mocou Boha a plnosťou Ducha Svätého, môžeme odhodiť telesné myšlienky, ktoré sú v rozpore s pravdou a môžeme byť naplnení Božím Slovom, pravdou. Tiež sa musíme modliť, aby sme sa stali človekom pravdy, človekom ducha. Tým, že sa modlíme, vo všetkom sa nám bude dariť a budeme v dobrom zdraví, a aj naša duša bude prosperovať.

Všetci ľudia, ktorí boli Bohom milovaní a uznaní, boli ľudia, ktorí sa modlili. 1 Sam 12, 23 hovorí: „Nech sa to nestane, aby som zhrešil proti Pánovi a prestal sa za vás modliť." Aby sme mohli od Boha dostať niečo, čo nie je možné ľudskou silou, musíme s Bohom komunikovať. Daniel, Peter a apoštol Pavol boli všetci ľuďmi, ktorí sa modlili. Ježiš sa modlil skoro ráno, a niekedy aj celú noc. Je veľmi známy príbeh o tom, ako sa modlil v Getsemanskej záhrade, až mu jeho pot stekal ako kvapky krvi.

3) Majte vieru na získanie odpovedí

V Mt 8 prichádza za Ježišom stotník. V tej dobe bol Izrael obsadený Rímom. Pozícia stotníka rímskej armády by dnes zodpovedala pozícii vyššieho vojenského dôstojníka. Stotník prosil Ježiša, aby uzdravil jeho sluhu, ktorý trpel ochrnutím. Ježiš videl lásku a vieru stotníka, a tak sa rozhodol ísť sluhu uzdraviť.

Ale stotník vyslovil toto vyznanie viery: „Pane, nie som hoden, aby si vošiel pod moju strechu. Ale povedz iba slovo a môj sluha ozdravie. Veď aj ja som podriadený človek a mne sú zasa podriadení vojaci. Keď poviem jednému: „Choď!", tak ide, a druhému: „Poď!", tak príde, a svojmu sluhovi: „Urob to!", tak to urobí." (Mt 8, 8 - 9)

Keď Ježiš videl, aká vzácna bola stotníkova viera a pokora, povedal: „Amen, hovorím vám, že u nikoho v Izraeli som nenašiel takú veľkú vieru" (v 10). Mnohí ľudia chcú mať takúto vieru, ale nemôžeme mať takúto vieru len vlastnou vôľou. Čím viac dobroty máme v našom srdci, a čím viac konáme podľa Božieho Slova, tým viac takejto viery nám Boh dáva. Pretože stotník mal dobré srdce, veril tomu, čo o Ježišovi videl a počul. Týmto spôsobom, Boh osvedčuje každého, kto verí a dokazuje svoju vieru v skutkoch, a pracuje podľa miery viery tohto človeka.

4) Majte pred Bohom pokorné srdce

V Mk 7 prišla k Ježišovi s pokorným srdcom Sýroféničanka a chcela, aby uzdravil jej dcéru, ktorá bola posadnutá démonom. Keď ho žena prosila, aby uzdravil jej dcéru, Ježiš jej odpovedal: „Dovoľ, aby sa najskôr nasýtili deti. Nie je dobré brať chlieb deťom a hádzať šteňatám" (v 27). Žena sa nezľakla ani sa neurazila, aj keď bola prirovnaná k psovi.

Pretože bola naplnená veľkou túžbou za každú cenu dostať odpoveď, a pretože verila v Ježiša, ktorý bol pravda sama, uponížila sa pokorným spôsobom a pokračovala slovami: „Iste,

Pane, lenže aj šteňatá sa živia pod stolom omrvinkami po deťoch" (v 28). Ježiša sa jej viera a pokora tak dotkla, že odpovedal na jej prosbu slovami: „Pre toto slovo choď, zlý duch tvoju dcéru opustil" (v 29). Keď hľadáme a modlíme sa, musíme mať pred Bohom tento druh pokory.

5) Sejte s vierou

Siať s vierou je tiež časťou spravodlivosti, ktorú Boh osvedčuje. Ak sa chcete stať bohatým, sejte podľa zákona o sejbe a žatve. Je to najviac použiteľné, pokiaľ ide o dávanie desiatkov a dary vďakyvzdania. Dokonca, aj keď sa pozrieme na zákony prírody, môžeme vidieť, že žnete to, čo ste zasiali. Ak sejete pšenicu, budete žať pšenicu, a ak zasejete fazuľu, budete zbierať fazuľu. Ak sejete málo, budete žať málo, a ak sejete veľa, zožnete veľa. Ak sejete v úrodnej pôde, budete žať dobré ovocie; a čím viac odstraňujete burinu a staráte sa o semená, tým ušľachtilejšiu plodinu budete žať.

Dar, ktorý Bohu prinášate, je použitý na záchranu stratených duší, budovanie kostolov, podporu misií a pomoc tým, ktorí to potrebujú. To je dôvod, prečo môžeme vyjadriť našu lásku k Bohu prostredníctvom darov. Dary sú použité na naplnenie Božieho kráľovstva a jeho spravodlivosti, preto Boh prijíma tieto dary s radosťou a požehnáva nás tým, že nám odplatí 30, 60 alebo 100-násobne viac. Čo chýba Bohu Stvoriteľovi, že nám hovorí, aby sme mu dávali dary? Dáva nám príležitosť žať to, čo sme zasiali, a získať jeho požehnania!

Ako je napísané v 2 Kor 9, 6 - 7: „Je to tak: Kto skúpo seje, skúpo bude aj žať, kto však seje štedro, štedro bude aj žať. Každý tak, ako si umienil v srdci: Nie s nevôľou alebo z donútenia, lebo ochotného darcu miluje Boh."

6) Neustále verte Bohu a spoliehajte sa na neho

Dávid vždy hľadal Boha, a tak ho Boh viedol na jeho ceste a pomáhal mu vyhnúť sa rôznym ťažkostiam. Dávid sa konkrétne takmer na všetko pýtal Boha: „Mám urobiť toto alebo tamto?" a konal podľa jeho rád (Ref: 1 Sam 23). Preto bol schopný vyhrať toľko bitiek. To je dôvod, prečo Boh miluje tie deti viac, ktoré mu vždy dôverujú a prosia ho o jeho radu. Avšak, ak nazývame Boha „Otcom", a napriek tomu veríme svetu alebo vlastnému poznaniu viac ako Bohu, potom nám Boh nemôže pomôcť.

Čím viac sme v pravde, tým viac sa môžeme pýtať Boha, a tým viac nás Pán môže pochváliť. Vo všetkom, čo robíme, by sme mali v prvom rade zostriť múdrosť hľadania Boha, a potom čakať na jeho odpovede a rady.

7) Zachovávajte Božie Slovo

Pretože nám Boh prikázal: „Zachovávajte nedeľu svätú", mali by sme ísť do kostola, uctievať, mať spoločenstvo s ostatnými veriacimi a stráviť deň svätým spôsobom. A pretože nám prikázal: „Naprestajne sa radujte a za všetko ďakujte", mali by sme sa radovať a byť vďační, bez ohľadu na okolnosti na našej ceste. Ľudia, ktorí vo svojich srdciach zachovávajú takéto príkazy a poslúchajú, dostávajú požehnanie byť v Božej prítomnosti.

Peter, Ježišov učeník, zažil prostredníctvom poslušnosti mimoriadnu udalosť. Na zaplatenie chrámovej dane Ježiš povedal Petrovi: „Ale aby sme ich nepohoršili, choď k moru a hoď udicu. Prvú rybu, ktorá sa chytí, vezmi, otvor jej ústa, a nájdeš tam peniaz. Ten vezmi a daj im ho za mňa a za seba" (Mt 17, 27). Ak by Peter odmietol uveriť Ježišovým slovám a nešiel by k moru chytať ryby, potom by nezažil túto úžasnú udalosť. Ale Peter poslúchol a hodil udicu a bol schopný zažiť úžasnú Božiu moc.

Všetky diela viery zaznamenané v Biblii sú veľmi rovnaké. Keď Boh pracuje, pracuje podľa miery viery každého človeka. Nebude tlačiť niekoho s malou mierou viery, aby išiel nad svoje schopnosti. Najprv mu dáva príležitosť zažiť jeho moc poslúchnutím niečoho malého, a prostredníctvom toho mu dáva trochu viac duchovnej viery. A tak, nabudúce ho bude môcť poslúchnuť v niečom trochu väčšom.

Vaše túžby a žiadosti pribite na kríž

Doteraz sme študovali veci, ktoré musíme urobiť, aby sme boli Bohom uznaní, osvedčení a vyhlásení sa spravodlivých. Navyše, keď pribijeme na kríž naše telesné žiadosti a túžby, Boh to považuje za spravodlivosť a pochváli nás za to. Ale prečo by boli žiadosti a túžby považované za hriechy? Gal 5, 24 píše: „Tí, čo patria Ježišovi Kristovi, ukrižovali svoje telo s vášňami a žiadosťami." To nám hovorí, že by sme mali tieto veci rozhodne odhodiť.

„Žiadostivosť" je dávanie a prijímanie srdca. Je to blízkosť, ktorú cítite k niekomu, keď ho spoznáte a budujete s ním vzťah. Neplatí to len pre dvoch ľudí, ktorí sú milencami, ale aj pre rodinu, priateľov a blízkych. Ale kvôli tejto „žiadostivosti" by sme sa mohli ľahko stať zaujatými a úzkoprsými. Napríklad, väčšina ľudí nie je veľmi odpúšťajúca, keď blízky urobí malú chybu, ale keď ich deti urobia tú istú chybu, sú omnoho zhovievavejší a chápavejší. Ale tieto druhy telesných žiadostivostí nepomáhajú národu, rodine ani jednotlivcovi pevne stáť v spravodlivosti.

„Túžby" sú rovnaké. Aj Dávid, ktorý bol Bohom veľmi milovaný, spáchal smrteľný hriech zabitia nevinného manžela Batšeby, aby skryl skutočnosť, že s ňou spáchal cudzoložstvo. Práve tieto telesné žiadosti a túžby rodia hriech a hriech vedie k smrti. Keď je hriech spáchaný, hriešnik bude určite potrestaný.

V Joz 7 sa stretávame s tragickou udalosťou, ku ktorej došlo v dôsledku telesnej túžby jedného človeka. Po odchode z Egypta, počas procesu dobývania Kanaánskej krajiny, Izraeliti prekročili rieku Jordán a zvíťazili nad mestom Jericho. Ale potom boli porazení v bitke s mestom Aj. Keď sa Izraeliti pozreli na príčinu tejto porážky, zistili, že muž zvaný Achán túžil po plášti a ukradol ho spolu s nejakým zlatom a striebrom z vecí z Jericha. Boh prikázal Izraelitom, aby z Jericha nezobrali nič na vlastný úžitok, ale Achán neposlúchol.

Kvôli Achánovmu hriechu museli trpieť mnohí Izraeliti. A nakoniec, Achán a jeho deti boli všetci ukameňovaní. Ako malé množstvo kvasu nakvasí celý chlieb, jeden človek, Achán, mohol spôsobiť zlyhanie celej pospolitosti Izraela. To je dôvod, prečo ho Boh tak prísne potrestal. Naše prvé myšlienky by mohli byť: „Ako mohol Boh niekoho zabiť za to, že ukradol len jeden plášť a niekoľko kúskov zlata a striebra?" Existuje však oprávnený dôvod na to, čo sa stalo.

Keby poľnohospodár po skončení výsevu videl v pôde nejakú burinu a pomyslel si: „Ále, je to len jedna alebo dve buriny...", a nechal by ich tak, buriny by sa rýchlo rozrástli a rozšírili a udusili by plodiny. Potom by poľnohospodár nemohol žať dobré plodiny. Žiadosti a túžby sú ako burina, a tak sa stávajú prekážkami na ceste do neba a k získaniu odpovedí od Boha. Sú bolestivým a zbytočným rozptýlením, ktoré nemá žiadny dobrý účel. To je dôvod, prečo nám Boh hovorí, aby sme „tieto veci pribili na kríž".

Na druhej strane, Asa, tretí kráľ južného Judského kráľovstva, striktne odhodil jeho žiadosti a túžby, a tým potešil Boha (1 Kr 15). Ako jeho predok Dávid, aj Asa robil to, čo bolo správne v očiach Boha, a zbavil svoje kráľovstvo všetkých modiel. Keď jeho matka Maaka vytvorila Ašere modlu, zašiel až tak ďaleko, že ju zbavil pozície kráľovnej matky. Potom modlu zoťal a spálil v Kidrónskom údolí.

Možno si myslíte, že Asa konal príliš extrémne, keď zbavil jeho matku pozície kráľovnej matky len preto, že uctievala modlu a možno si myslíte, že Asa nebol dobrý syn. Asa však reagoval týmto spôsobom preto, že už mnohokrát matku požiadal, aby prestala modly uctievať. Neposlúchla ho. Ak sa pozrieme na situáciu duchovnými očami, berúc do úvahy pozíciu Maaky, jej uctievanie modly bolo rovnaké, ako keby celý národ uctieval modlu. To mohlo nakoniec priviesť Boží hnev na celý národ. To je dôvod, prečo Boh osvedčil Asov skutok zničenia jeho duševnej žiadostivosti voči jeho matke. Uznal to za spravodlivé, aby tak zabránil mnohým ľuďom zhrešiť proti Bohu.

Toto však neznamená, že Asa odmietol svoju matku. Iba ju odstránil z pozície kráľovnej matky. Ako jej syn ju aj naďalej miloval, ctil si ju a slúžil jej. Rovnako, ak niekto má rodičov, ktorí uctievajú falošných bohov alebo modly, musí urobiť všetko, čo môže, aby sa dotkol ich sŕdc tým, že bude konať všetko, čo syn môže vykonať. Z času na čas by mal prosiť Boha o múdrosť, ohlasovať im evanjelium a povzbudiť ich, aby sa zbavili ich modiel. Potom bude Boh potešený.

Patriarchovia, ktorí boli v Božích očiach spravodliví

Boh chváli úplnú poslušnosť. Navyše, preukazuje jeho moc tým ľuďom, ktorí konajú v úplnej poslušnosti. Druh poslušnosti, ktorú Boh uznáva, je poslúchať, aj keď sa to zdá byť nemožné. V 2 Kr 5 vidíme záznam o veliteľovi armády kráľa Arama, Naámanovi.

Generál Naáman išiel do susednej krajiny, aby navštívil proroka Elizea v nádeji, že ho uzdraví z malomocenstva. Vzal so sebou mnoho darov, dokonca aj list od kráľa! Keď tam však prišiel, Elizeus ho ani neprivítal. Namiesto toho, Elizeus poslal posla s odkazom, aby sa išiel sedemkrát umyť do rieky Jordán. Naáman sa cítil dosť urazený, a bol pripravený otočiť sa a vrátiť domov. Ale na presviedčanie jeho sluhov odhodil jeho pýchu a poslúchol. Sedemkrát si umyl telo v Jordáne. Pre človeka, ktorý bol po kráľovi Aramovi hneď druhý v poradí, muselo byť mimoriadne ťažké odhodiť jeho pýchu, a takto poslúchnuť, potom, čo s ním Elizeus zaobchádzal takým spôsobom.

Elizeus urobil to, čo urobil, pretože vedel, že Boh ho uzdraví, keď Naáman ako prvé ukáže jeho vieru skrze poslušnosť. Boh, ktorého potešuje naša poslušnosť a nie obeta, zaradoval sa z Naámovej viery a úplne ho z malomocenstva uzdravil. Boh považuje poslušnosť za vzácnu a je veľmi potešený ľuďmi, ktorí konajú v spravodlivosti.

Boh sa tiež veľmi raduje z viery tých ľudí, ktorí nehľadajú vlastný prospech, a ktorí nerobia kompromisy so svetom. Keď Abrahám chcel v Gn 23 pochovať Sáru v jaskyni Macpela, majiteľ sa snažil dať pozemok Abrahámovi zadarmo. Avšak, Abrahám to neprijal. Abrahám nemal také srdce, ktoré sa usilovalo o jeho vlastný prospech. Preto chcel zaplatiť presnú cenu za pozemok predtým, ako ho nadobudne.

Keď bola Sodoma porazená vo vojne a jeho synovec Lót bol zajatý, Abrahám nielen zachránil svojho synovca, ale zachránil aj tých, ktorí boli zo Sodomy, a tiež priniesol späť ich majetky. Keď sa kráľ Sodomy pokúsil mu to oplatiť ako poďakovanie zo to, čo urobil, Abrahám to odmietol. Neprijal nič. Pretože jeho srdce bolo spravodlivé, nemal v sebe žiadnu chamtivosť, ani túžbu vziať niečo, čo mu nepatrilo.

V Dan 6 vidíme, že Daniel dobre vedel, že modlitbou k Bohu mohol byť zabitý kvôli tým, ktorí sa proti nemu sprisahali. Ale napriek tomu si zachoval svoju spravodlivosť pred Bohom tým, že sa neprestával modliť. Nerobil kompromisy ani na malú chvíľu, aby si zachránil vlastný život. Kvôli svojmu konaniu bol hodený do levovej jamy. Ale nič sa mu nestalo, bol úplne ochránený. Svedčil o živom Bohu a oslávil ho.

Napriek tomu, že bol Jozef neoprávnene obvinený a vo väzení bez akéhokoľvek dôvodu, nesťažoval sa ani sa na nikoho nehneval (Gn 39). Udržiaval sa čistý, nerobil kompromisy s nepravdou, a iba nasledoval cestu spravodlivosti. A preto v Bohom určenom čase a ním určeným spôsobom bol vyslobodený z väzenia a získal čestnú pozíciu predsedu vlády Egypta.

Preto musíme slúžiť Bohu a musíme sa stať spravodlivými v jeho očiach tým, že robíme to, čo sa od nás žiada. Taktiež musíme Boha potešovať tým, že robíme veci, za ktoré nás Pán osvedčí. Keď to urobíme, Boh nás pozdvihne, odpovie na túžby našich sŕdc a povedie nás k prosperujúcemu životu.

Slovník

Rozdiel medzi „Abrámom" a „Abrahámom"
„Abrám je pôvodné meno Abraháma, otca viery."
(Gn 11, 26).

„Abrahám", čo znamená „otec mnohých národov", je meno, ktoré Boh dal Abrámovi, aby s ním uzavrel zmluvu požehnania (Gn 17, 5). Touto zmluvou sa stal zdrojom požehnania ako otec viery. A bol nazvaný „Božím priateľom".

Požehnania, ktoré sú natlačené, natrasené a vrchovaté a požehnania 30, 60 a 100-násobné

Požehnanie od Boha dostávame podľa toho, do akej miery mu dôverujeme a v našom živote konáme podľa jeho Slova. Napriek tomu, že sme z nášho srdca ešte neodhodili všetky hriešne povahy, keď zasejeme a hľadáme s vierou, dostávame požehnanie, ktoré je natlačené, natrasené a vrchovaté, čo je viac ako dvojnásobok toho, čo sme zasiali (Lk 6, 38). Ale ak sa posvätíme a staneme sa duchom bojovaním proti hriechom až po krvipreliatie, aby sme ich úplne odhodili, potom môžeme žať požehnanie, ktoré je viac ako 30-násobné. A ak dosiahneme celého ducha, môžeme žať požehnanie, ktoré je 60- alebo dokonca 100-násobné.

Kapitola 10

Požehnanie

"Pán povedal Abrámovi: "Odíď zo svojej krajiny, od svojho príbuzenstva a z domu svojho otca do krajiny, ktorú ti ukážem. Urobím z teba veľký národ, požehnám ťa, zvelebím tvoje meno. Buď požehnaním! Požehnám tých, čo teba žehnajú a tých, čo tebe zlorečia, prekľajem. V tebe budú požehnané všetky pokolenia zeme." Vtedy Abrám odišiel, ako mu prikázal Pán. Šiel s ním aj Lót. Abrám mal sedemdesiatpäť rokov, keď odišiel z Charánu."
(Gn 12, 1 - 4)

Boh chce ľudí požehnať. Existujú však prípady, keď si Boh vyberie niekoho, koho požehná, a existujú prípady, kedy sa človek sám rozhodne vkročiť do hraníc Božích požehnaní. Niektorí ľudia sa rozhodnú skúsiť prijať Božie požehnania, ale potom od toho upustia. A sú aj takí, ktorí nemajú s požehnaním nič spoločné. Najprv sa pozrieme na prípady, keď si Boh vyberie niekoho, koho požehná.

Abrahám, otec viery

Boh je prvý a posledný, začiatok a koniec. Naplánoval tok dejín ľudstva, a naďalej ho riadi. Povedzme, napríklad, že staviame dom. Prichádzame s plánom na základe odhád, ako dlho bude konštrukcia trvať, aké materiály budú použité, koľko ocele a betónu budeme potrebovať, a koľko stĺpov bude potrebných. A tak, ak by sme sa mali pozrieť na históriu ľudstva ako na Boží dom, nájdeme tam niekoľko kľúčových ľudí, ktorí sú niečo ako „stĺpy" Božieho domu.

Aby Boh mohol naplniť jeho prozreteľnosť, vyberá si istých ľudí, aby oznámili ostatným ľuďom, že Boh je skutočne živým Bohom, a že nebo a peklo skutočne existujú. To je dôvod, prečo si Boh vyberá týchto ľudí, aby pôsobili ako stĺpy. A vidíme, že sú úplne iní ako obyčajní ľudia, pokiaľ ide o ich srdcia a ich vášeň pre Boha. Jedným z týchto ľudí je Abrahám.

Žil pred štyritisíc rokmi. Narodil sa v chaldejskom Úre. Úr bol staré sumerské mesto nachádzajúce sa po prúde na západnom brehu rieky Eufrat v kolíske mezopotámskej civilizácie.

Abrahám bol tak Bohom milovaný a uznaný, že bol nazvaný „priateľom Boha". Tešil sa zo všetkých druhov požehnaní od Boha, vrátane potomka, bohatstva, zdravia a dlhého života. Nielen to, ale ako povedal Boh v Gn 18, 17: „Môžem tajiť pred Abrahámom, čo chcem urobiť?," Boh zjavil Abrahámovi dokonca aj udalosti, ktoré sa mali stať v budúcnosti.

Boh považuje vieru za spravodlivosť a dáva jeho požehnania

Čo si myslíte, že Boh videl v Abrahámovi, že ho to tak veľmi potešilo, že na neho vylial toľko požehnaní? Gn 15, 6 hovorí: „Abrám uveril Pánovi a on mu to počítal za spravodlivosť." Boh považoval Abrahámovu vieru za spravodlivosť.

A Boh mu povedal: „Odíď zo svojej krajiny, od svojho príbuzenstva a z domu svojho otca do krajiny, ktorú ti ukážem. Urobím z teba veľký národ, požehnám ťa, zvelebím tvoje meno. Buď požehnaním!" (Gn 12, 1 - 2). Boh mu nepovedal presne, kam mal ísť ani mu nevysvetlil, akú krajinu by mal očakávať. Boh mu nedal podrobný plán o tom, ako by mal žiť po odchode z rodného mesta. Iba mu povedal, aby odišiel.

Čo keby mal Abrahám telesné myšlienky? Je zrejmé, že akonáhle by opustil rodičovský dom, stal by sa pútnikom a tulákom. Pravdepodobne by sa mu ľudia posmievali. Ak by bral tieto veci do úvahy, možno by nebol schopný poslúchnuť. Avšak, Abrahám nikdy nepochyboval o Božom prísľube požehnaní. Len v neho veril. Preto bezpodmienečne poslúchol a odišiel. Boh vedel, akým druhom nádoby bol Abrahám, a preto prisľúbil, že z neho vzíde veľký národ. Boh mu tiež prisľúbil, že sa stane požehnaním.

Navyše, Boh Abrahámovi prisľúbil v Gn 12, 3: „Požehnám tých, čo teba žehnajú a tých, čo tebe zlorečia, prekľajem. V tebe budú požehnané všetky pokolenia zeme." Potom, keď Boh videl, ako sa Abrahám vzdal svojho práva a obetoval sa pre svojho synovca Lóta, dal mu ďalší prísľub požehnania. Gn 13, 14 - 16 hovorí: „Rozhliadni sa z miesta, na ktorom si teraz, pozri na sever i na juh, na východ i na západ. Celú krajinu, ktorú vidíš, dám tebe a tvojmu potomstvu naveky. Rozmnožím tvoje potomstvo a bude ho ako prachu zeme. Ak niekto bude môcť spočítať prach zeme, potom spočíta aj tvoje potomstvo." V Gn 15, 4 – 5 mu Boh tiež prisľúbil: „On nebude tvojím dedičom. Tvojím dedičom bude ten, čo vyjde z teba. Vyviedol ho von a povedal mu: „Len sa pozri na nebo a spočítaj hviezdy, ak ich môžeš spočítať," a dodal: „Toľko bude tvojho potomstva.""

Potom, čo Boh dal Abrahámovi tieto sny a videnia, viedol ho prostredníctvom skúšok. Prečo potrebujeme skúšky? Povedzme, že tréner alebo inštruktor si vybral športovca s veľkým potenciálom - dosť veľkým na to, aby reprezentoval krajinu na olympijských hrách. Ale tento športovec sa nemôže automaticky stať zlatým medailistom. Športovec musí vydržať a vytrvať v namáhavom tréningu a na dosiahnutie svojho sna vynaložiť veľké úsilie.

S Abrahámom to bolo rovnaké. Prostredníctvom skúšok musel získať vlastnosti a správanie, ktoré potreboval na splnenie Božieho prísľubu. A tak, aj keď Abrahám prechádzal týmito skúškami, odpovedal len „amen" a nerobil žiadne kompromisy s vlastnými myšlienkami. Tiež sa nesnažil o vlastný prospech, ani nepodľahol sebeckosti alebo nenávisti, odporu, sťažnostiam, zármutku, žiarlivosti alebo závisti. Iba veril Božiemu prísľubu požehnaní a vytrvalo poslúchal.

Potom mu Boh dal ešte jeden prísľub. V Gn 17, 4 - 6 Boh povedal Abrahámovi: „Toto je moja zmluva s tebou: Staneš sa otcom mnohých národov. Už sa nebudeš volať Abrám, tvoje meno bude Abrahám, lebo som ťa určil za otca mnohých národov. Preveľmi ťa rozmnožím a urobím z teba národy a vyjdú z teba aj králi."

Boh vytvára kvalitné nádoby prostredníctvom skúšok

Niektorí ľudia sa modlia k Bohu za splnenie snov, ktoré pochádzajú z ich chamtivosti. Z chamtivosti môžu prosiť Boha o dobrú prácu alebo bohatstvo, ktoré si nezaslúžia. Ak sa takto sebecky modlíme, nemôžeme dostať od Boha odpoveď (Jak 4, 3).

Preto sa musíme modliť za sny a videnia, ktoré pochádzajú od Boha. Keď máme vieru v Božie Slovo a poslúchame ho, Duch Svätý vedie naše srdcia a nás, aby sme mohli naplniť naše sny. Nemôžeme vidieť ani jednu sekundu do budúcnosti. Ale ak budeme nasledovať vedenie Ducha Svätého, ktorý vie o všetkom, čo má prísť, potom môžeme zažiť Božiu moc. Keď zničíme naše telesné myšlienky a podriadime sa Kristovi, Duch Svätý prevezme vedenie a povedie nás.

Ak nám Boh dáva sen, musíme ho uchovávať bezpečne v našich srdciach. Len preto, že sa sen nestane skutočnosťou po jednom dni, mesiaci alebo roku modlitby, nemali by sme sa sťažovať. Boh, ktorý nám dáva sny a videnia, občas nás vedie prostredníctvom skúšok, aby z nás urobil nádoby, ktoré sú hodné splnenia týchto snov a videní. Keď sa skrze tieto skúšky staneme ľuďmi, ktorí vedia ako poslúchať Boha, to je to, kedy budú naše modlitby vyslyšané. Ale pretože sú Božie myšlienky odlišné od ľudských myšlienok, musíme si uvedomiť, že až kým nebudeme schopní zlomiť naše telesné myšlienky a s vierou poslúchnuť, skúšky budú pokračovať. Preto musíme mať na pamäti, že nám boli dané skúšky preto, aby sme mohli dostať odpoveď od Boha, takže namiesto toho, aby sme sa im snažili vyhnúť, mali by sme ich s vďakyvzdaním prijať.

Boh pripravuje východisko, dokonca aj počas skúšok

Ak sme poslušní, Boh spôsobí, že sa nám bude vo všetkom dariť. Vždy nám ukáže východisko zo skúšok. V Gn 12 vidíte, že po vstupe do Kanaánskej krajiny nastal veľký hlad, preto Abrahám išiel do Egypta.

Pretože jeho manželka Sára bola veľmi krásna, Abrahám sa bál, že by po nej mohol niekto v Egypte zatúžiť a jeho zabiť, aby ju získal. V tej dobe to bolo celkom možné, preto ju Abrahám predstavil ako svoju sestru. V podstate, Sára bola jeho polovičná sestra, takže to nebola lož. Avšak, v tej dobe nebola Abrahámova viera plne kultivovaná až do bodu, kde by sa s Bohom o všetkom radil. Takže toto bol prípad, kedy sa spoliehal na vlastné telesné myšlienky.

Sára bola taká krásna, že si ju nechal do paláca priviesť egyptský faraón. Abrahám si myslel, že povedať ľuďom, že jeho manželka bola jeho sestrou, bola to najlepšia cesta v danej situácii, ale to spôsobilo, že prišiel o manželku. Vďaka tejto udalosti sa Abrahám poučil, a od tej chvíle sa naučil odovzdávať všetko Bohu.

V dôsledku toho Boh kvôli Sáre zoslal na faraóna a jeho domácnosť veľké rany a faraón okamžite vrátil Sáru Abrahámovi. Pretože sa Abrahám spoliehal na vlastné telesné myšlienky, čelil dočasným ťažkostiam, ale nakoniec bol nepoškvrnený a získal veľký hmotný zisk vrátane oviec, dobytka, sluhov a oslov. Ako je napísané v Rim 8, 28: „Vieme, že všetky veci slúžia na dobro tým, čo milujú Boha, ktorí sú povolaní podľa jeho predsavzatia," pre ľudí, ktorí sú Bohu poslušní, Boh pripravuje východisko zo skúšok a zostáva s nimi aj počas skúšok. Môžu sa na chvíľu ocitnúť v ťažkostiach, ale nakoniec ich prekonajú s vierou a získavajú požehnanie.

Povedzme, že niekto prežíva každý deň len z dennej mzdy. Ak bude zachovávať deň Pána svätý, jeho rodina bude musieť jeden deň hladovať. V tejto situácii by človek viery poslúchol Božie prikázanie a zachovával by Pánov deň svätý, aj keď to znamená, že bude hladný. Hladovali by potom on a jeho rodina? Určite nie! Ako Boh zoslal mannu, aby nakŕmil Izraelitov, Boh láskyplne nakŕmi a oblečie aj poslušného človeka.

To je dôvod, prečo v Mt 6, 25 Ježiš povedal: „Nebuďte ustarostení o svoj život, čo budete jesť a piť, ani o svoje telo, čo si oblečiete." Nebeskí vtáci nesejú, nežnú ani nezhromažďujú potravu. Poľné ľalie nepracujú ani nepradú. Boh ich však živí a oblieka. Či sa Boh nepostará o jeho vlastné deti, ktoré ho poslúchajú a nasledujú jeho vôľu, aby nemali ťažkosti?

Boh žehná aj počas skúšok

Keď skúmame tých ľudí, ktorí konali podľa Božieho Slova a vytrvali na ceste spravodlivosti, môžeme vidieť, že aj napriek skúškam Boh spôsobil, že nakoniec všetko dobre dopadlo. Hoci dané okolnosti pred ich očami sa zdali byť ťažké a nepríjemné, v konečnom dôsledku sa okolnosti skutočne stali požehnaním.

Keď bolo zničené južné Judské kráľovstvo, Danielovi traja kamaráti boli zajatí a odvedení do Babylonu. Napriek tomu, že im hrozilo hodenie do pece, nepoklonili sa modle a nerobili so svetom kompromisy. Pretože verili v Božiu moc, verili, že aj keby boli hodení do pece, Boh by ich mohol zachrániť. A aj keby neboli zachránení, boli odhodlaní držať sa svojej viery a neklaňať sa žiadnym modlám. Toto je druh viery, ktorú ukázali. Pre nich bol Boží zákon dôležitejší ako zákon krajiny.

Keď sa kráľ dopočul o neposlušnosti týchto mladých mužov, rozhneval sa a rozkázal zvýšiť teplotu pece sedemkrát viac, ako bola pôvodná teplota. Danielovi traja kamaráti boli zviazaní a hodení do pece. Ale pretože ich Boh ochraňoval, ani vlas na hlave nemali spálený, ani sa ich oheň vôbec nedotkol (Dan 3, 13 - 27).

S Danielom to bolo rovnaké. Napriek tomu, že bol vydaný príkaz, podľa ktorého sa nikto nesmel modliť k nijakému človeku alebo bohu iba ak ku kráľovi, pretože bude vhodený do jamy levov, Daniel poslúchal iba Božiu vôľu. Nespáchal hriech tým, že by sa prestal modliť, a ako bol zvyknutý, denne sa trikrát modlil tvárou k Jeruzalemu. Nakoniec bol Daniel hodený do jamy levov, ale Boh poslal anjelov, a tí zatvorili ústa levov, a tak sa Danielovi vôbec nič nestalo.

Aké krásne je vidieť, ako si niekto udrží vieru a nerobí kompromisy so svetom! Spravodliví žijú iba z viery. Keď vierou potešujete Boha, odpovie vám požehnaním. Aj keď ste tlačení k niečomu, čo sa zdá byť hranicou života, ak poslúchnete, a až do trpkého konca ukážete svoju vieru, Boh vám pripraví východisko a bude vždy s vami.

Aj Abrahám bol požehnaný uprostred skúšok. A nielen on, ale aj ľudia, ktorí boli s ním, boli vďaka nemu požehnaní. Dnes je v regiónoch Blízkeho východu, kde sa nachádza Izrael, voda veľmi vzácna. Aj v Abrahámovej dobe bola voda tiež veľmi vzácna. Ale kdekoľvek Abrahám išiel, bol tam dostatok vody, ale pretože bol veľmi požehnaný, aj jeho synovec Lót sa podieľal na týchto požehnaniach a mal veľké stáda a čriedy, ako aj striebro a zlato.

V tej dobe znamenalo veľa dobytka hojnosť jedla a veľké bohatstvo. Keď bol jeho synovec Lót zajatý, na jeho vyslobodenie vzal so sebou Abrahám 318 jeho najlepších služobníkov. Toto samo o sebe hovorí, aký bol bohatý. Vďaka Abrahámovi, ktorý usilovne poslúchal Božie Slovo, boli požehnané krajina a región, v ktorom býval a boli požehnaní aj ľudia, ktorí boli s ním.

Dokonca ani králi susedných krajín nemohli na Abraháma

siahnuť, pretože bol tak veľmi vážený. Abrahám dostal všetky požehnania, ktoré človek môže v tomto živote získať: slávu a bohatstvo, moc, zdravie a deti. Ako je napísané v Dt 28, Abrahám bol druhom človeka, ktorý bol požehnaný, keď vchádzal a vychádzal. Navyše, ako pravé Božie dieťa sa stal koreňom požehnaní a otcom viery. Okrem toho, pochopil hlboké srdce Boha, a tak Boh dokonca mohol s Abrahámom zdieľať svoje srdce a nazvať ho jeho „priateľom". Aká je to veľká sláva a požehnanie!

Abrahámov charakter nádoby

Dôvod, prečo bol Abrahám taký požehnaný, bolo to, že mal dobrý „charakter nádoby". Bol to človek, ktorý mal lásku opísanú v 1 Kor 13 a prinášal deväť ovocí Ducha Svätého, ktoré sú opísané v Gal 5.

Napríklad, Abrahám konal vo všetkom v dobrote a s láskou. Nikdy k nikomu neprechovával nenávisť ani nepriateľstvo. Nikdy nevenoval pozornosť slabosti iného človeka a slúžil všetkým ľuďom. Pretože prinášal ovocie radosti, bez ohľadu na to, akým skúškam čelil, nikdy nebol smutný ani nahnevaný. Pretože úplne dôveroval Bohu, mohol sa vždy tešiť. Nech už bola situácia akákoľvek, nikdy nereagoval vlastnými pocitmi ani nevykonával zaujaté rozhodnutia. Bol trpezlivý a vždy počúval Boží hlas.

Navyše, Abrahám bol aj milosrdný človek. Keď sa mal so svojím synovcom Lótom rozísť, aj keď bol od Lóta starší, nechal ho prvého si vybrať krajinu, ktorú chcel. Povedal: „Keď pôjdeš naľavo, ja pôjdem napravo. Ak pôjdeš napravo, ja pôjdem naľavo," a nechal Lóta vybrať si lepšiu pôdu. Väčšina ľudí by si mysleli, že človek vyššej pozície alebo šarže by mal dostať lepšiu voľbu. Avšak, Abrahám bol človek, ktorý sa dokázal pred inými uponížiť, slúžiť im a obetoval sa za nich.

Aj preto, že Abrahám dosiahol srdce duchovnej dobroty, keď Lót čelil zničeniu spolu so Sodomou, prosil Boha v ich mene (Gn 18, 22 - 32). V dôsledku toho dostal od Boha prísľub, že mesto nezničí, ak sa tam nájde aspoň desať spravodlivých ľudí. V Sodome a Gomore však nebolo ani desať spravodlivých ľudí, a tak boli zničené. Ale aj vtedy Boh kvôli Abrahámovi zachránil Lóta.

Ako je napísané v Gn 19, 29: „Keď Boh pustošil mestá Okolia, spomenul si na Abraháma a zachránil Lóta pred zničením, ktoré postihlo mestá, v ktorých Lót býval." Boh zachránil Abrahámovho milovaného synovca Lóta, aby Abrahám nebol v srdci zarmútený.

Abrahám bol verný Bohu až na obetovanie svojho jediného syna Izáka, ktorého dostal vo veku sto rokov. Abrahám bol taký dokonalý a verný v celom Božom dome, či už to bolo na poučenie jeho syna, alebo v jeho vzťahu s jeho sluhami a blízkymi, že mohol byť dokonca považovaný za bezchybného. Nikdy sa proti nikomu nepríjemne nepostavil; vždy bol pokojný a mierny. Ostatným slúžil a pomáhal im s veľmi krásnym srdcom. A bol taký dobrý v sebaovládaní, že v ničom, čo robil, nikdy sa nevhodne nesprával ani neprekročil žiadne hranice.

Týmto spôsobom, Abrahám úplne priniesol všetkých deväť ovocí Ducha Svätého. Navyše, mal aj dobré srdce. Koniec koncov, bol veľmi dobrou nádobou. Avšak, stať sa požehnaným človekom, akým bol Abrahám, nie je vôbec ťažké. Musíme ho len napodobňovať. Keďže všemohúci Boh Stvoriteľ je náš Otec, prečo by neodpovedal na modlitby a prosby jeho detí?

Tento proces napodobňovania Abraháma by nemal byť vôbec ťažký. Jedinou ťažkou časťou je to, ak nás ovládnu naše vlastné myšlienky. Ak budeme mať úplnú dôveru v Boha, budeme sa na neho úplne spoliehať a budeme ho poslúchať, potom sa Boh Abraháma o nás postará a povedie nás na cestu požehnania!

Slovník a vysvetlenie pojmov

Poslušnosť a požehnania Noema, spravodlivého človeka

„Toto je Noemov príbeh: Noach bol spravodlivý a bezúhonný muž medzi svojimi vrstovníkmi. Noach chodil s Bohom. Narodili sa mu traja synovia: Šém, Chám a Jefet."(Gn 6, 9 - 10)

Prvý muž Adam žil v raji Edenu veľmi dlho. Ale potom, čo zhrešil, bol vyhnaný z raja Edenu, a neskôr prišiel žiť na zem. O 1 000 rokov neskôr sa narodil Noe ako potomok Séta, človeka, ktorý si ctil Boha. Noe, ktorý je tiež potomkom Henocha, bol vyučovaný jeho otcom Lemechom a starým otcom Matuzalemom a vyrastal ako človek pravdy uprostred hriešneho sveta. Pretože chcel dať Bohu všetko, čo mal, udržiaval si srdce čisté a neoženil sa, kým nezistil, že Boh pripravil pre jeho život osobitný plán. A tak sa Noe oženil vo veku päťsto rokov a založil si rodinu (Gn 5, 32).

Noe vedel o potrestaní potopou, a o tom, že skrze neho sa opäť začne ľudská kultivácia. Preto zasvätil svoj život poslušnosti Božej vôli. To je dôvod, prečo si Boh vybral Noema, ktorý bol spravodlivým človekom, a ktorý celým srdcom poslúchol Boha pri stavbe korábu bez vlastných myšlienok, dôvodov alebo výhovoriek.

Duchovný význam Noemovho korábu

„Urob si koráb z góferového dreva; v korábe urob priehrady a vymaž ho zvnútra i zvonka smolou. Urobíš ho takto: dĺžka korábu bude tristo lakťov, šírka päťdesiat lakťov a jeho výška tridsať lakťov. Koráb dokonči tak, že pri vrchu urobíš svetlík na jeden lakeť. Do bočnej steny korábu osaď dvere; urob v ňom spodné, stredné a vrchné podlažie." (Gn 6, 14 - 16)

Noemov koráb bola masívna stavba: 138 metrov dlhá, 23 metrov široká a 14 metrov vysoká a bola postavená pred 4 500 rokmi. V dôsledku vplyvu ľudí z raja Edenu boli Noemove vedomosti a zručnosti mimoriadne, ale pretože postavil koráb podľa návrhu, ktorý mu dal Boh, Noe, jeho osemčlenná rodina a všetky rôzne druhy zvierat boli schopní prežiť 40-dňovú potopu a život v korábe dlhšie ako rok.

Koráb je duchovnou symbolikou Božieho Slova a vstup do korábu symbolizuje spásu. A tri podlažia v korábe predstavujú skutočnosť, že trojjediný Boh - Otec, Syn a Duch Svätý - dokončia dejiny ľudskej kultivácie.

Hora Ararat, kde Koráb pristál

Trest potopou, ktorá sa stala v dôsledku Božej spravodlivosti

„Potom Pán povedal Noemovi: „Vojdi do korábu s celou svojou rodinou, lebo som videl, že si spravodlivý predo mnou v tomto pokolení.""" (Gn 7, 1)

„Lebo ešte sedem dní a potom spustím na zem dážď trvajúci štyridsať dní a štyridsať nocí a vyhubím z povrchu zeme každú bytosť, ktorú som utvoril. Noe urobil všetko, čo mu rozkázal Pán." (Gn 7, 4 - 5)

Boh dal pred potopou ľuďom mnoho príležitostí na pokánie. Počas všetkých rokov stavby korábu Boh prikázal Noemovi ohlasovať posolstvo pokánia ľuďom, ale jediní ľudia, ktorí uverili a Noema poslúchli, bola jeho rodina. Vstup do korábu znamená nechať za sebou všetko, čo na tom svete milujeme a odhodiť to.

Aj keď ľudia zašli už príliš ďaleko na to, aby sa mohli obrátiť, Boh dal ľuďom sedemdňové varovanie, aby konali pokánie a vyhli sa trestu. Nechcel, aby boli potrestaní. So srdcom plným lásky a milosrdenstva im Boh až do trpkého konca dával šancu. Avšak, ani jeden človek nekonal pokánie, ani nevstúpil do korábu. V skutočnosti hrešili ešte viac! Nakoniec čelili trestu potopy.

Čo je súd

„súd v tom, že knieža tohto sveta je už odsúdené."
(Jn 16, 11)

„Pán bude súdiť národy. Súď ma, Pane, podľa mojej spravodlivosti a neviny!" (Ž 7, 8)

„Som nevinná, jeho hnev sa odvrátil odo mňa. Tu som, posúdim ťa, pretože tvrdíš: „Nezhrešila som."" (Jer 2, 35)

„Ale ja vám hovorím: Každý, kto sa hnevá na brata, musí ísť pred súd. Kto by povedal bratovi: „Hlupák," musí ísť pred veľradu. Kto by povedal: „Blázon," musí ísť do ohnivého pekla." (Mt 5, 22)

„A tí, čo robili dobre, budú vzkriesení pre život, kým tí, čo páchali zlo, budú vzkriesení na odsúdenie." (Jn 5, 29)

„A ako každý človek umiera len raz a potom bude súd." (Hebr 9, 27)

„Bez milosrdenstva čaká súd na toho, kto nepreukázal milosrdenstvo. Milosrdenstvo však víťazí nad súdom." (Jak 2, 13)

„Videl som mŕtvych, veľkých i malých; stáli pred trónom. A otvorili sa knihy. Aj iná kniha sa otvorila, kniha života. A mŕtvi boli súdení podľa toho, čo bolo napísané v knihách, podľa ich skutkov." (Zjv 20, 12)

Kapitola 11

Hriech neuposlúchnutia Boha

„Mužovi povedal: „Pretože si poslúchol hlas svojej ženy a jedol si zo stromu, z ktorého som ti zakázal jesť, nech je pre teba prekliata pôda. S námahou sa z nej budeš živiť po všetky dni svojho života. Tŕnie a bodľačie ti bude rodiť a ty budeš jesť poľné byliny. V pote tváre budeš jesť chlieb, kým sa nevrátiš do zeme, lebo z nej si bol vzatý, veď prach si a do prachu sa vrátiš.""
(Gn 3, 17 - 19)

Mnoho ľudí tvrdí, že život je sám o sebe ťažkým. Biblia hovorí, že narodenie sa na tento svet a život v ňom sú bolestivé. V Jób 5, 7 Elifaz povedal Jóbovi, ktorý bol v ťažkostiach: „Naozaj, človek sa rodí na trápenie, ako iskry vyletujú nahor." Človek, ktorý vynakladá malú námahu na zabezpečenie živobytia, a človek, ktorý vynakladá veľkú námahu na iný problém v živote.

A keď človek tvrdo pracuje na určitom cieli a zdá sa, že cieľ je na dosiahnutie, priblížil sa súmrak života. Keď príde čas, dokonca aj najzdravší človek zažije v určitom bode smrť.

Žiadny človek sa nemôže vyhnúť smrti, preto, ak sa na to pozriete, život je ako dočasná hmla alebo nafúknutý oblak. Aký je teda dôvod toho, že ľudia čelia všetkým týmto rôznym druhom skúšok v tomto životnom „kolese na behanie myší"? Prvý a pôvodný dôvod je hriech neposlúchnutia Boha. Prostredníctvom Adama, Saula a Kaina môžeme podrobne vidieť dôsledok spáchania hriechu neposlúchnutia Boha.

Adam, človek stvorený na Boží obraz

Boh Stvoriteľ stvoril prvého človeka Adama na svoj obraz, a potom mu do nozdier vdýchol dych života a Adam sa stal živou bytosťou, teda živým duchom (Gn 2, 7). Na východ od raja Boh vysadil záhradu a vložil do nej človeka. Potom povedal: „Môžeš jesť zo všetkých stromov záhrady, ale nejedz zo stromu poznania dobra a zla, lebo v deň, v ktorom by si z neho jedol, určite zomrieš." (Gn 2, 16 - 17)

A keď videl, že nebolo dobré, aby bol Adam sám, Boh vzal jedno z Adamových rebier a stvoril Evu. Boh ich požehnal a povedal im, aby sa plodili a množili. Tiež ich nechal vládnuť nad morskými rybami, nebeskými vtákmi a nad každým živým stvorením, ktoré sa pohybuje po zemi (Gn 1, 28). Keď Adam a Eva dostali od Boha toto veľké požehnanie, mali dostatok jedla, veľa potomkov a viedli prosperujúci život.

Na začiatku nemal Adam, ako novonarodené dieťa, v pamäti nič zapísané. Bol úplne prázdny. Boh však chodil s Adamom a učil ho veľa vecí, aby mohol žiť ako pán nad všetkým stvorením. Boh učil Adama o sebe, o vesmíre a o duchovných zákonoch. Boh tiež učil Adama, ako žiť ako duchovný človek. Učil ho poznaniu dobra a zla. Mnoho rokov Adam poslúchal Božie Slovo a veľmi dlhú dobu žil v raji Edenu.

Adam jedol zakázané ovocie

Jedného dňa nepriateľ diabol a satan, vládca vzduchu, podnietili hada, ktorý je najprefíkanejším zo všetkých zvierat, a skrze neho pokúšali Evu. Had, ktorý bol podnietený satanom, vedel, že Boh povedal človeku, aby nejedol zo stromu uprostred raja Edenu. Ale aby pokúšal Evu, had sa opýtal: „Naozaj vám Boh zakázal jesť zo všetkých stromov záhrady?" (Gn 3, 1)

Ako odpovedala Eva na túto otázku? Povedala: „Ovocie zo stromov v záhrade jesť smieme, ale o ovocí stromu, ktorý je uprostred záhrady, Boh povedal: „Nejedzte z neho, nedotknite sa ho, aby ste nezomreli"" (Gn 3, 2 - 3, NKJV). Boh konkrétne povedal: „ale nejedz zo stromu poznania dobra a zla, lebo v deň, v ktorom by si z neho jedol, určite zomrieš" (Gn 2, 17). Prečo Eva zmenila Božie Slovo na „aby ste nezomreli"? „Aby" znamená „zo strachu, že". Tieto slová znamenajú, že neexistuje absolútna zvrchovanosť. „Mať strach zo smrti" a „určite zomrieť" sú dve odlišné veci. To dokazuje, že si nevryla Božie Slovo do srdca. Jej odpoveď dokazuje, že nemala absolútnu vieru v to, že „určite zomrú".

Prefíkaný had nezmeškal túto príležitosť a išiel priamo vpred: „Nie, určite nezomriete! Boh totiž vie, že v deň, keď budete z neho jesť, otvoria sa vám oči a budete ako Boh, budete poznať dobro i zlo" (Gn 3, 4 - 5). Had nielenže klamal, ale dokonca do Evy vlial chamtivosť! A pretože had do Evinej mysle vlial chamtivosť, strom poznania dobra a zla, ktorého sa Eve nikdy ani nenapadlo dotknúť, alebo dokonca sa k nemu priblížiť, skutočne začal vyzerať dobre a chutne. V skutočnosti vyzeral dosť dobre na to, aby niekoho urobil múdrym! Nakoniec, Eva jedla zakázané ovocie a dala jesť aj svojmu mužovi.

Výsledok Adamovho hriechu neposlúchnutia Boha

A to je to, ako Adam, predchodca ľudstva, neuposlúchol Boží príkaz. Keďže Adam a Eva si nezapísali Božie Slovo pevne do ich sŕdc, podľahli pokušeniu nepriateľa diabla a satana a neuposlúchli Boží príkaz. A tak, ako Boh povedal, Adam a Eva dosiahli to, že „určite zomreli".

Avšak, keď čítame Bibliu, vidíme, že nezomreli ihneď. V skutočnosti žili oveľa viac rokov a mali veľa detí. Keď Boh povedal: „Určite zomriete," nemal tým na mysli len jednoduchú fyzickú smrť, keď človek prestane dýchať. Hovoril o zásadnej smrti, kedy zomiera duch. Pôvodne bol človek stvorený s duchom, ktorý mohol komunikovať s Bohom, dušou, ktorá bola ovládaná duchom, a telom, ktoré slúžilo ako svätostánok pre ducha a dušu (1 Tes 5, 23). Preto, keď človek neposlúchol Boží príkaz, jeho duch, ktorý je pánom človeka, zomrel.

A pretože duch človeka zomrel v dôsledku hriechu neposlúchnutia Boha, jeho komunikácia s Bohom bola prerušená, preto už nemohol viac žiť v raji Edenu. Je to preto, že hriešnik nemôže existovať spolu s Bohom v jeho prítomnosti. To je to, kedy sa začali ľudské ťažkosti. Bolesť ženy pri pôrode sa veľmi znásobila, v bolestiach rodila deti; začala túžiť po jej manželovi a on začal nad ňou vládnuť. A muž sa musel začať s námahou živiť z pôdy, ktorá bola kvôli nemu prekliata (Gn 3, 16 - 17). Všetko stvorenie bolo prekliate spolu s Adamom a muselo trpieť spolu s ním. Okrem toho, všetci potomkovia Adama, ktorí boli narodení z jeho pokrvnej línie, rodili sa ako hriešnici a kráčali cestou smrti.

Dôvod, prečo Boh dal strom poznania dobra a zla

Niektorí sa môžu diviť: „Nevedel všemohúci Boh, že Adam bude jesť zakázané ovocie? Ak to vedel, prečo ho dal do raja Edenu a nechal Adama neuposlúchnuť? Ak by zakázané ovocie neexistovalo, nezabránilo by to vari Adamovi v spáchaní hriechu?" Ak by však Boh nevložil zakázané ovocie do raja, zažili by Adam a Eva vďakyvzdanie, radosť, šťastie a lásku? Božím úmyslom umiestnenia zakázaného ovocia do raja nebolo to, aby sme išli cestou smrti. Bola to Božia prozreteľnosť naučiť nás relativite.

Pretože všetko v raji Edenu je pravda, ľudia v raji nechápu, čo je nepravda. Pretože zlo tu neexistuje, ľudia nevedia, čo je skutočne nenávisť, utrpenie, choroba alebo smrť. Preto relatívne povedané, ľudia tam nemôžu pochopiť, čo je skutočne šťastný život, ktorý žijú. Keďže nikdy nezažili nešťastie, nevedia, čo je skutočné šťastie a skutočné nešťastie. To je dôvod, prečo bol potrebný strom poznania dobra a zla.

Boh chcel získať pravé deti, ktoré chápu, čo je pravá láska a šťastie. Ak prvý človek Adam vedel, čo je pravé šťastie, keď žil v raji Edenu, ako mohol neuposlúchnuť Boha? Preto Boh umiestnil strom poznania do raja a kultivuje človeka tu na zemi, aby sa človek mohol naučiť relativitu vecí. Prostredníctvom tohto kultivačného procesu človek zažíva víťazstvo a prehru, dobro a zlo, a to všetko prostredníctvom relativity. Až keď sa človek týmto procesom dozvie pravdu, môže skutočne pochopiť Boha a milovať ho z hĺbky jeho srdca.

Spôsob, ako sa zbaviť prekliatia spôsobeného hriechom

Kým Adam žil v raji Edenu, poslúchal Boha a naučil sa od Boha o dobrote. Ale potom, čo neposlúchol, jeho potomkovia sa stali otrokmi nepriateľa diabla, a postupne sa z generácie na generáciu stávali čoraz viac ušpinení zlom. Čím viac času prešlo, tým horšími sa stávali. Nielenže sa narodili s hriechom, ktorý zdedili po svojich rodičoch, ale tiež počas ich dospievania v ich mysliach páchali viac hriechov a učili sa skrze to, čo videli a počuli. Boh vedel, že Adam bude jesť zakázané ovocie. Vedel, že celý tento svet sa naplní hriechom. Vedel tiež, že človek pôjde cestou smrti. Preto ešte pred vekmi pripravil Spasiteľa, Ježiša Krista. Keď nadišiel ním určený čas, poslal Ježiša na tento svet.

Ježiš ohlasoval evanjelium nebeského kráľovstva a uskutočňoval znamenia a zázraky, aby učil ľudí Božej vôli. Potom bol pribitý na kríž a vylial všetku jeho svätú krv, aby zaplatil cenu za hriechy celého ľudstva. Preto každý, kto prijíma Ježiša Krista, dostáva Ducha Svätého ako dar. Cesta spásy bola otvorená pre tých, ktorí odhadzujú nepravdu a žijú v pravde tým, že nasledujú vedenie Ducha Svätého. Ak ľudia obnovia Boží obraz, ktorý kedysi stratili, boja sa Boha a zachovávajú jeho ustanovenia, čo je celá povinnosť človeka (Kaz 12, 13), potom sa môžu tešiť zo všetkých požehnaní, ktoré pre nich Boh pripravil. Môžu sa tešiť nielen z bohatstva a zdravia, ale aj z večného života vo večných požehnaniach.

Ako bolo vysvetlené, keď vstúpime do Svetla, môžeme byť vyslobodení z pasce hriešneho prekliatia. Naše srdce sa stáva veľmi pokojným potom, čo konáme pokánie a vyznávame, odhodíme naše hriechy a rozhodneme sa žiť podľa Božieho Slova! Keď veríme v Božie Slovo a dostaneme modlitbu, môžeme vidieť, že sa zbavujeme chorôb, ťažkostí, skúšok a nešťastí. Boh má radosť z jeho detí, ktoré prijímajú Ježiša Krista a žijú v spravodlivosti a oslobodzuje ich od všetkých prekliatí.

Výsledok Saulovho hriechu neuposlúchnutia Boha

Saul sa stal prvým kráľom na žiadosť Izraelitov o kráľa. Bol z Benjamínovho kmeňa a v celom Izraeli nebol nikto iný, ktorý by bol taký elegantný a mierny ako on. A v čase, keď bol Saul pomazaný za kráľa, bol veľmi pokorným človekom, ktorý sám seba považoval za menejcenného ako ostatní. Ale po tom, ako sa stal kráľom, Saul pomaly prestával poslúchať Boží príkaz. Ponížil pozíciu najvyššieho kňaza a konal nerozvážne (1 Sam 13, 8 - 13), a nakoniec sa dopustil hriechu neposlušnosti.

V 1 Sam 15 Boh povedal Saulovi, aby úplne zničil Amálekov, ale Saul neposlúchol. Dôvod, prečo mu Boh povedal, aby Amálekov zničil, je zaznamenaný v Ex 17. Na ceste Izraelitov do Kanaánskej krajiny po odchode z Egypta Amálekovia bojovali proti Izraelitom.

Z tohto dôvodu Boh sľúbil, že úplne vyhladí aj pamiatku

na Amáleka spod nebies (Ex 17, 14), a pretože Boh nezabúda, plánoval splniť tento sľub stovky rokov neskôr, v čase Saula. Prostredníctvom proroka Samuela Boh prikázal: „Choď teda, napadni Amalékov a vykonaj na nich i na všetkom, čo majú, hubiacu kliatbu. Bez milosti pobi mužov i ženy, deti i dojčatá, dobytok i ovce, ťavy i osly!" (1 Sam 15, 3)

Avšak, Saul neposlúchol Boha. Priviedol späť kráľa Agága ako väzňa, a tiež priviedol späť to najlepšie z oviec, volov, hovädzieho dobytka, baránkov a všetko, čo bolo dobré. Chcel ukázať jeho úlovok ľuďom a získať ich chválu. Saul urobil to, čo si v jeho mysli myslel, že je správne, ale neposlúchol Boha. Prorok Samuel to vysvetlil spôsobom, aby to Saul pochopil, ale Saul ani napriek tomu nekonal pokánie, ale naopak, vyhováral sa (1 Sam 15, 17 - 21). Saul povedal, že sa vrátil z najlepším výberom z oviec a hovädzieho dobytka, aby ľudia mohli priniesť Bohu obetu.

Čo si myslíte, že Boh povedal o tomto hriechu neposlušnosti? 1 Sam 15, 22 - 23 hovorí: „Poslušnosť je lepšia než obeta, poddajnosť lepšia než tuk baranov. Vzdorovitosť je ako hriech veštenia a vzbura ako kúzlo a úcta k terafím." Hriech neposlušnosti je ako hriechy veštenia a modloslužobníctva. Veštenie je čarodejníctvo, čo je vážny hriech, ktorý je predmetom Božieho súdu, a modloslužba je hriech, ktorý Boh považuje za ohavnosť.

Nakoniec, Samuel potrestal Saula: „Pretože si zavrhol slovo Pánovo, i on ťa zavrhol, aby si už nebol kráľom" (1 Sam 15, 23). Ale Saul ani potom nekonal pokánie. Namiesto toho, aby si zachoval dobrý obraz, poprosil Samuela, aby ho uctil pred jeho ľudom (1 Sam 15, 30). Čo môže byť hrozivejšie a smutnejšie ako byť odmietnutý Bohom? To sa však nevzťahuje len na Saula. Týka sa to aj nás dnes. Ak neposlúchneme Božie Slovo, nemôžeme sa vyhnúť následkom tohto hriechu. To platí aj pre naše národy a naše rodiny.

Napríklad, ak sluha nesúhlasí s kráľom a koná podľa jeho vlastného rozhodnutia, musí zaplatiť cenu za jeho hriech. Ak v rodine dieťa neposlúchne svojich rodičov a koná nesprávne, jeho rodičia budú veľmi smutní. Keďže neposlušnosť spôsobuje takýto rozpad pokoja, nasleduje bolesť a utrpenie. Saul v dôsledku jeho neposlušnosti voči Bohu stratil nielen jeho česť a moc; ale bol aj mučený zlými duchmi, a nakoniec zomrel na bojisku a stihol ho biedny koniec.

Výsledok Kainovho hriechu neuposlúchnutia Boha

V Gn 4 vidíme Adamových dvoch synov - Kaina a Ábela. Kain bol farmár a Ábel sa staral o ovce. Neskôr Kain obetoval Bohu úrodu zeme a Ábel obetoval Bohu prvorodené z jeho stáda a ich tuk. Boh našiel priazeň v Ábelovi a jeho obete, ale v Kainovej obete nenašiel priazeň.

Keď bol Adam vyhnaný z raja Edenu, Boh mu povedal, že na odpustenie hriechov musí prinášať obetu krvi zvieraťa (Hebr 9, 22). Adam výslovne svojich synov naučil spôsob obety krvi a Kain a Ábel veľmi dobre vedeli, akú obetu Boh chce. Ábel mal dobré srdce, preto poslúchol a robil presne tak, ako ho učili, a obetoval tak, ako to Boh chcel. Ale Kain, na druhej strane, prinášal obetu podľa vlastných myšlienok, podľa vlastných výhod. Preto Boh prijal Ábelovu obetu, ale neprijal Kainovu obetu.

To isté platí aj pre nás dnes. Boh je spokojný s naším uctievaním, keď ho uctievame celým svojím srdcom, mysľou a silou, v duchu a v pravde. Ak ho však uctievame podľa nášho vlastného myslenia, a ak kráčame kresťanskou cestou len pre náš vlastný prospech, nemáme s Bohom nič spoločné.

V Gn 4, 7 Boh povedal Kainovi: „Či neprijmem aj teba, ak budeš robiť dobre? No ak nerobíš dobre, pri dverách číha na teba hriech a jeho žiadostivosť, ale ty ju máš ovládať." Boh sa pokúšal vysvetliť Kainovi, aby nespáchal hriech. Ale Kain nedokázal premôcť hriech, a nakoniec zabil svojho brata.

Keby mal Kain dobré srdce, obrátil by sa od svojich ciest a spolu s bratom by priniesol obetu, ktorá bola Bohu príjemná, a nebol by žiadny problém. Avšak, pretože bol zlý, išiel proti Božej vôli. To spôsobilo žiarlivosť a vraždu, ktorá je skutkom tela, a v dôsledku potrestania na neho padlo prekliatie. Nakoniec, Boh povedal Kainovi: „Teraz budeš kliatbou vyhnaný z pôdy, ktorá otvorila ústa, aby z tvojej ruky vypila krv tvojho brata. Keď budeš obrábať pôdu, už ti nevydá svoju silu. Budeš sa nepokojne potulovať po zemi" a odvtedy sa Kain stal človekom, ktorý neustále utekal (Gn 4, 11 - 12).

Doteraz sme sa naučili o živote prvého človeka Adama, kráľa Saula a Kaina, akým smrteľným hriechom je neuposlúchnutie Boha, a aké veľké skúšky a nešťastia po ňom nasledujú. Keď veriaci, ktorý pozná Božie Slovo, neposlúcha, znamená to, že neposlúcha Boha. Ak veriaci nedostáva požehnanie prosperity vo všetkých oblastiach jeho života, znamená to, že nejakým spôsobom pácha tento hriech proti Bohu.

Preto musíme zničiť múr, ktorý stojí medzi Bohom a nami. Boh poslal Ježiša Krista a Slovo pravdy na tento svet, aby dal pravý život ľudstvu, ktoré v dôsledku hriechu žije uprostred utrpenia. Ak nebudeme žiť podľa tohto Slova pravdy, čaká nás smrť.

Musíme žiť v súlade s Pánovým učením, ktoré nás vedie k spáse, večnému životu, odpovediam na modlitby a požehnaniu. Musíme sa vyhnúť spáchaniu hriechu neposlušnosti tým, že budeme neustále skúmať samých seba, či v nás nie sú hriechy, konať pokánie a zachovávať Slovo, aby sme mohli dosiahnuť úplnú spásu.

Kapitola 12

„Človeka vyhubím z povrchu zeme"

„Pán videl, že ľudská zloba na zemi je veľká a všetko zmýšľanie ľudského srdca je ustavične naklonené len k zlu. Pán oľutoval, že utvoril človeka na zemi a cítil v srdci bolesť. Pán povedal: „Človeka, ktorého som stvoril, vyhubím z povrchu zeme; počnúc človekom až po dobytok, plazy a nebeské vtáctvo, lebo ľutujem, že som ich utvoril." Ale Noach našiel u Pána milosť. Toto je Noachov príbeh: Noach bol spravodlivý a bezúhonný muž medzi svojimi vrstovníkmi. Noach chodil s Bohom."
(Gn 6, 5 - 9)

V Biblii môžeme vidieť, aký veľký bol ľudský hriech v Noemovej dobe. Boh bol taký zarmútený z toho, že stvoril človeka, že vyhlásil, že vyhubí človeka z povrchu zeme prostredníctvom trestu potopy. Boh stvoril človeka, kráčal s ním a vylieval na neho jeho vrúcnu lásku, tak prečo musel takto odsúdiť človeka? Pozrime sa na dôvody Božieho súdu, a ako sa môžeme vyhnúť Božiemu súdu, a namiesto toho dostať jeho požehnanie.

Rozdiel medzi zlým človekom a dobrým človekom

Pri jednaní s ľuďmi o nich získavame určitý pocit. Niekedy môžeme vytušiť, či sú zlí alebo dobrí. Vo väčšine platí, že ľudia, ktorí vyrastali v dobrom prostredí a dostali správne vzdelanie, majú miernejšiu osobnosť a dobré srdce. Naopak, ľudia, ktorí vyrastali v tvrdom prostredí, kde videli a prežívali mnohé zlé veci odchyľujúce sa od pravdy, majú väčšiu tendenciu mať skazenú osobnosť a je u nich vyššia pravdepodobnosť, že budú zlým človekom. Samozrejme, existujú aj takí, ktorí kráčajú po ceste nepravdy, aj keď boli vychovaní v dobrom prostredí, rovnako ako takí, ktorí prekonali nepriaznivé prostredie a stali sa úspešnými a dobromyseľnými. Ale koľko ľudí môže byť vychovaných v dobrom prostredí a dostať dobré vzdelanie, a navyše vynakladať úsilie viesť dobrý život?

Ak hľadáme dobrých ľudí, ktorí by pre nás mohli byť príkladom, môžeme zobrať do úvahy Pannu Máriu, ktorá porodila Ježiša, a jej manžela Jozefa. Čo urobil Jozef, keď zistil, že Mária bola tehotná, aj keď s ňou nemal sexuálny vzťah? Podľa zákona tej doby musel byť človek, ktorý spáchal cudzoložstvo, ukameňovaný na smrť. Ale Jozef ju verejne neodhalil. V tichosti chcel zrušiť ich zasnúbenie. Mal skutočne dobré srdce!

Na druhej strane, príklad zlého človeka by bol Absalóm. Keď jeho nevlastný brat Amnón zneuctil jeho sestru, v jeho srdci sa rozhodol, že ju pomstí. A keď našiel vhodnú chvíľu, Absalóm zabil Amnóna. A dokonca, ohľadne tejto veci cítil odpor k svojmu otcovi Dávidovi. Nakoniec viedol proti svojmu otcovi vzburu. Toto všetko zlo malo za následok tragický koniec Absolómovho života.

Preto Mt 12, 35 hovorí: „Zatiaľ čo dobrý človek vynáša dobré veci z dobrého pokladu, zlý človek vynáša zlé veci zo zlého pokladu." V mnohých ľuďoch sa pri ich raste a dospievaní, bez ohľadu na ich zámery, prirodzene usádza zlo. Kedysi dávno, hoci to nebolo také časté, bolo niekoľko ľudí, ktorí boli ochotní zomrieť za svoju krajinu a svoj ľud. Avšak, v dnešnej dobe je veľmi ťažké nájsť takýchto ľudí. Aj keď sú ľudia stále viac a viac ušpinení zlom, mnohí z nich si ani neuvedomujú, čo je zlo, a žijú s tým, že si myslia, že majú pravdu.

Prečo prichádza Boží trest

Keď sa pozrieme na to, čo je zaznamenané v Biblii alebo na históriu ľudstva, keď bez ohľadu na časové obdobie hriechy ľudstva dosiahli vrchol a siahali až za hranice, prišiel ukrutný Boží trest. Božie tresty môžeme rozdeliť do troch hlavných kategórií.

Keď Boží trest padne na neveriacich, môže postihnúť národ ako celok alebo jednotlivca. Existujú aj prípady, keď Boží trest padol na jeho ľud. Keď národ ako celok spácha hriech, ktorý presahuje etiku ľudstva, veľké súženie postihne celý národ. Ak sa človek dopustí hriechu, ktorý si zaslúži trest, Boh ho zničí. Keď sa Boží ľud dopúšťa priestupku, sú potrestaní. Je to preto, že Boh miluje jeho ľud; povoľuje, aby čelili skúškam a utrpeniu, aby sa mohli poučiť zo svojich chýb a odvrátiť sa od nich.

Boh ako Stvoriteľ nielen riadi všetkých ľudí na svete, ale ako Sudca necháva človeka „žať to, čo seje". Keď v minulosti ľudia nepoznali Boha, ale s dobrým srdcom hľadali Boha alebo sa pokúšali žiť v spravodlivosti, Boh sa im niekedy zjavil skrze sny a oznámil im, že žije.

Kráľ Nabuchodonozor z babylonskej ríše neveril v Boha, ale Boh mu vo sne zjavil udalosti, ktoré mali prísť. Nepoznal Boha, ale bol dostatočne veľkorysý na to, aby vybral spomedzi zajatcov tých najlepších. Učil ich o babylonskej civilizácii, a dokonca ich vymenoval do kľúčových pozícií v ríši. Urobil to preto, lebo v jednom kútiku jeho srdca uznal najvyššieho boha. Preto, aj keď niekto nepozná Boha, ak sa pokúsi mať spravodlivé srdce, Boh nájde spôsob, ako mu odhalí, že On je živým Bohom a tohto človeka odmení podľa jeho skutkov.

Vo všeobecnosti platí, keď neveriaci konajú zlo, Boh ich nebude trestať, pokiaľ to nie je niečo veľmi vážne. Je to preto, že nevedia, čo je hriech a nemajú s Bohom nič spoločné. Sú ako nemanželské deti v duchovnom zmysle. Nakoniec skončia v pekle a už sú odsúdení. Samozrejme, ak ich hriech dosiahol hranicu a ostatným spôsobujú veľké ujmy a ich zlo sa vymyká kontrole bez akéhokoľvek ohľadu na ľudstvo, Boh ich nebude tolerovať, aj keď s ním nemajú nič spoločné. Je to preto, že Boh je Sudcom, ktorý súdi dobro a zlo celého ľudstva.

Sk 12, 23 hovoria: „Vtom ho však zasiahol Pánov anjel za to, že nevzdal Bohu slávu. Skonal rozožratý červami." Kráľ Herodes bol neveriacim, ktorý zabil Jakuba, jedného z dvanástich učeníkov Ježiša. Taktiež uväznil Petra. Ale keď sa stal pyšným, lebo si myslel, že je boh, Boh ho zasiahol a on skonal rozožratý červami. Dokonca, aj keď človek nepozná Boha, ak jeho hriech prekročí určitú hranicu, bude takto potrestaný.

Ako je to v prípade veriacich? Keď Izraeliti uctievali modly, vzdialili sa od Boha a spáchali všetky druhy zla, Boh ich nenechal tak. Pokarhal ich a skrze proroka ich učil, a keď stále neposlúchali, potrestal ich, aby sa odvrátili od ich ciest.

Je to tak, ako je to napísané v Hebr 12, 5 - 6: „Syn môj, nepohŕdaj Pánovou výchovou, ani neklesaj, keď ťa karhá, lebo koho Pán miluje, toho prísne vychováva a trestá každého, koho prijíma za syna." Boh zasahuje, keď sa jeho milované deti dopúšťajú chýb v ich skutkoch. Napomína ich a trestá, aby mohli konať pokánie, obrátiť sa a tešiť sa z požehnaného života.

*Lebo ľudská zloba na zemi bola veľká

Dôvod, prečo na zem prišiel Boží trest, bolo to, že ľudská zloba na zemi bola veľká (Gn 6, 5). Ako teda vyzerá svet, keď je ľudská zloba veľká?

Prvým prípadom je to, keď si ľudia ako celý národ hromadia zlo. Ľudia sa môžu stať jedno s predstaviteľom ich národa, ako je prezident alebo predseda vlády, a spoločne si hromadiť hriech. Hlavným príkladom je neslávne nacistické Nemecko a holokaust. Celý nemecký štát spolupracoval s Hitlerom, aby zničil Židov. Ich spôsob vykonávania tohto zlého skutku bol extrémne krutý.

Podľa zaznamenanej histórie bolo približne 6 miliónov

Židov, ktorí bývali v Nemecku, Rakúsku, Poľsku, Maďarsku a Rusku, brutálne zabitých ťažkou prácou, mučením, hladovaním a zavraždením. Niektorí zomreli nahí v plynových komorách, niektorí boli zaživa pochovaní v dierach v zemi a niektorí zomreli ukrutnou smrťou ako živé subjekty ľudského experimentovania. Aký osud postihol Hitlera a Nemecko, ktorí viedli tieto zlé skutky? Hitler si vzal život a Nemecko sa stalo úplne porazeným národom s trvalým historickým poškodením názvu ich krajiny. Nakoniec bola krajina rozdelená na dve časti, východné a západné Nemecko. Tí, ktorí boli vinní zo spáchania zlých vojnových zločinov, museli si zmeniť mená a utekať z miesta na miesto. Keď boli chytení, vo všeobecnosti boli odsúdení na trest smrti.

Aj ľudia v Noemovej dobe boli potrestaní. Pretože ľudia v tom čase boli veľmi plní hriechu, Boh sa rozhodol ich zničiť (Gn 6, 11 -17). Až do dňa potopy Noe ohlasoval prichádzajúci trest, ale ani ho až konca nevypočuli. V skutočnosti, až do chvíle, keď Noe a jeho rodina vstúpili do korábu, ľudia stále jedli a pili, ženili sa a zabávali. Podľa Noema, ani keď videli padajúci dážď, neuvedomili si, čo sa deje (Mt 24, 38 - 39). V dôsledku toho, všetci ľudia, s výnimkou Noema a jeho rodiny, pri potope zomreli (Gn 7).

V Biblii nájdeme záznam aj z Abrahámovej doby o tom, ako Boh zoslal trest ohňa a síry na Sodomu a Gomoru, pretože boli veľmi plní hriechu (Gn 19). Okrem týchto príkladov môžeme vidieť v priebehu celej histórie ľudstva, ako Boh zosielal rôzne tresty hladomoru, zemetrasenia, rán, atď., na národ ako celok, keď dosiahol plnú mieru hriechu.

Ďalším je prípad, kedy je potrestaný jedinec, či už veril v Boha alebo nie, ak si nahromadil zlo, bol súdený podľa toho, čo jeho skutky spôsobili. Život človeka môže byť skrátený v dôsledku jeho vlastného zla, alebo v závislosti od stupňa jeho hriechu môže v jeho posledných dňoch čeliť tragickému koncu. Avšak, len preto, že niekto zomrie skôr, neznamená, že bol potrestaný; pretože existujú prípady, ako Pavol a Peter, ktorí boli zabití, aj keď viedli spravodlivé životy. Ich smrť bola tiež spravodlivou smrťou, preto v nebi svietia ako slnko. V minulosti bolo aj niekoľko takých spravodlivých ľudí, ktorí po tom, čo povedali kráľovi pravdu, boli nútení vypiť smrteľný elixír, ktorý ukončil ich život. V týchto prípadoch ich smrť nebola výsledkom trestu v dôsledku hriechu, ale spravodlivou smrťou.

Aj v dnešnom svete, či už ide o národ alebo o jednotlivca, je hriech ľudstva veľký. Väčšinou ľudia neveria v Boha ako jediného pravého Boha a sú plní vlastných názorov. Buď sa ženú za falošnými bohmi, modlami alebo milujú iné veci viac ako Boha. Sex pred uzavretím manželstva sa stal všeobecne akceptovaným a snaha ženských a mužských homosexuálov na legalizáciu ich manželstva pokračuje. A nielen to, drogy sú nekontrolovateľné, a všade je boj, nepriateľstvo, nenávisť a korupcia.

V Mt 24, 12 – 14 nájdeme popis posledných dní: „A pretože sa rozmnoží neprávosť, v mnohých vychladne láska. Kto však vytrvá do konca, bude spasený. A toto evanjelium o kráľovstve sa bude hlásať po celom svete na svedectvo všetkým národom. A potom príde koniec." Presne takýto je teraz náš svet.

Ako nemôžete povedať, či je na vašom tele špina, keď stojíte v tme, pretože na svete je toľko hriechu, ľudia žijú v bezpráví, a napriek tomu nevedia, že ich skutky sú bezprávne. Pretože ich srdcia sú plné bezprávia, pravá láska do nich nemôže vstúpiť. Prevláda nedôvera, nevera a všetky druhy žiaľov, pretože ľudská láska vychladla. Ako sa môže Boh, ktorý je bezhriešny a bez jedinej chyby, naďalej len na toto všetko prizerať?

Ak rodič miluje svoje dieťa a dieťa zblúdi, čo urobí rodič? Rodič sa pokúsi presvedčiť dieťa, aby sa zmenilo a pokarhá ho. Ak však dieťa ani tak neposlúchne, rodič sa dokonca schýli k výprasku, aby priviedol dieťa späť. Ak však dieťa koná veci, ktoré nie sú ľudsky prijateľné, rodič sa môže nakoniec dieťaťa zrieknuť. Je to rovnaké s Bohom Stvoriteľom. Ak je hriech človeka taký veľký, že sa nijako nelíši od zvierat, Bohu nezostáva nič iné, len ho potrestať.

*Lebo zmýšľanie ľudského srdca je naklonené k zlu

Keď Boh trestá, je zarmútený nielen preto, že hriech na svete je veľmi veľký, ale aj preto, že ľudské myšlienky sú zlé. Človek so zatvrdnutým srdcom je plný zlých myšlienok. Je chamtivý a vždy sa usiluje o vlastný prospech, a aby získal bohatstvo, nezastaví sa pred ničím a má neustále zlé myšlienky. To môže platiť pre národ, ako aj pre jednotlivca. Môže to platiť aj pre veriacich. Aj keď človek vyznáva, že verí v Boha, ak si uchováva Božie Slovo iba ako poznanie v hlave a podľa neho nekoná, bude pokračovať v hľadaní vlastného prospechu, takže si nebude môcť pomôcť, ale vždy bude mať zlé myšlienky.

Prečo uctievame Boha a počúvame jeho Slovo? Je to preto,

aby sme konali podľa jeho vôle a stali sa spravodlivými ľuďmi, akých Boh chce. Ale je toľko ľudí, ktorí volajú „Pane, Pane," a napriek tomu nežijú podľa jeho vôle. Bez ohľadu na to, koľko práce tvrdia, že urobili pre Boha, pretože ich srdcia sú zlé, budú potrestaní; a nebudú môcť vstúpiť do neba (Mt 7, 21). Nezachovávanie Božích príkazov a zákonov sa považuje za hriech a viera bez skutkov je mŕtva viera, preto takíto ľudia nemôžu získať spásu.

Ak sme počuli Božie Slovo, musíme odhodiť zlo a konať podľa neho. Potom, ako naša duša prosperuje, bude sa nám dariť vo všetkom; a tiež dostaneme požehnanie zdravia. Takže choroby, skúšky a utrpenia na nás neprídu. A aj keď prídu, všetko bude spoločne pracovať pre dobro vo všetkom a stanú sa príležitosťami na požehnanie.

Keď Ježiš prišiel na tento svet, ľudia ako dobrí pastieri, prorokyňa Anna, Simeon a iní, spoznali dieťa Ježiš. Avšak, farizeji a saduceji, ktorí tvrdili, že prísne dodržiavajú zákon a vyučovali zákon, Ježiša nespoznali. Ak by boli ponorení do Božieho Slova, potom by v srdciach mali dobrotu a boli by schopní spoznať Ježiša a prijať ho. Ale bez toho, aby sa zmenili v hĺbke ich sŕdc, boli vystavovační a sústredení iba na to, aby sa navonok javili svätí. Preto ich srdcia boli zatvrdené a nedokázali pochopiť Božiu vôľu a nedokázali spoznať Ježiša. Takže v závislosti od toho, koľko dobroty, a koľko zla máte v srdci, budú sa výsledky veľmi líšiť.

Božie Slovo nemožno vysvetliť jednoduchým a jasným spôsobom len s ľudským poznaním. Niektorí ľudia hovoria, že na to, aby poznali presný význam Biblie, je potrebné študovať hebrejčinu a gréčtinu a prekladať to z pôvodného textu. Prečo potom farizeji, saduceji a veľkňazi jasne nerozumeli Biblii - ktorá bola zaznamenaná v ich vlastnom hebrejskom jazyku - a prečo nespoznali Ježiša? Je to preto, že Božie Slovo je zaznamenané vnuknutím Ducha Svätého a môže byť jasne pochopené len vtedy, keď je človek prostredníctvom modlitby naplnený Duchom Svätým. Biblia nemôže byť jednoducho vysvetlená doslovne.

Preto, ak v našich srdciach máme nepravdu alebo žiadostivosť tela, žiadostivosť očí alebo vystatovačnú pýchu života, potom nemôžeme pochopiť Božiu vôľu ani podľa nej konať. Ľudia v dnešnej dobe a dnešnom veku sú takí zlí, že odmietajú veriť v Boha; a nielen to, aj keď vyznávajú, že veria v Boha, stále konajú bezprávne a nespravodlivo. Stručne povedané, nekonajú podľa Božej vôle. To je to ako vieme, že Boží trest je blízko.

*Lebo každý úmysel ľudského srdca je zlý

Dôvod, prečo Boh musí súdiť, je to, že každý úmysel ľudského srdca je vždy zlý. Keď máme zlé myšlienky, plány, ktoré pochádzajú z týchto myšlienok, sú zlé, a tieto myšlienky nakoniec vyvolávajú zlé skutky. Len sa zamyslite nad tým, koľko zlého plánovania sa deje v dnešnej spoločnosti.

Vidíme ľudí v kľúčových vedúcich pozíciách národa, ktorí požadujú úplatky vo veľkých sumách peňazí, alebo vytvárajú tajné fondy a vyvolávajú hnevlivé hádky a spory. Prevládajú bezohľadné metódy získavania verejných pozícií, vojenské škandály a rôzne druhy iných škandálov. Existujú deti, ktoré úmyselne zavraždia svojich rodičov, aby získali rodinný majetok, a sú tu aj mladí ľudia, ktorí plánujú rôzne druhy zlých schém, aby zarobili peniaze, ktoré chcú použiť na orgie.

Dokonca aj malé deti dnes vymýšľajú zlé plány. Na získanie peňazí do arkád alebo na kúpu niečoho, po čom veľmi túžia, klamú svojim rodičom, alebo dokonca kradnú. A keďže sú všetci takí zaneprázdnení hľadaním vlastného potešenia, každý zámer srdca a každý skutok môže byť len zlý. Keď civilizácia materialisticky rýchlo napreduje, spoločnosť sa rýchlo zmení v úpadkovú a pôžitkársku kultúru. To je presne to, čo sa deje dnes, rovnako ako v Noemovej dobe, keď hriech sveta dosiahol plnú mieru.

Ako sa vyhnúť Božiemu súdu

Ľudia, ktorí milujú Boha, a tí, ktorí duchovne bdejú, hovoria, že Pánov návrat je veľmi blízko. A ako je to zaznamenané v Biblii, začínajú sa objavovať veľmi jasné znaky konca sveta, o ktorých hovoril Pán. Dokonca, aj neveriaci často hovoria, že žijeme v posledných časoch. Kaz 12, 14 hovorí: „Boh predvolá na súd každý čin, všetko, čo je skryté, či je to dobré, alebo zlé." Preto musíme vedieť, že koniec je blízko a musíme bojovať proti hriechu až po krvipreliatie, odhodiť všetky podoby zla a stať sa spravodlivými.

Tí, ktorí prijímajú Ježiša Krista, a ktorých mená sú zapísané v knihe života v nebi, získajú večný život a budú sa tešiť z večného požehnania. Budú odmenení podľa ich skutkov, preto tam budú takí, ktorí získajú pozície jasné ako slnko, a takí, ktorí získajú pozície jasné ako mesiac alebo hviezdy. Na druhej strane, po súde veľkého bieleho trónu budú tí, ktorých myšlienky srdca boli zlé, každý zámer bol zlý, odmietli prijať Ježiša Krista a neverili v Boha, trpieť naveky v pekle.

Ak sa teda chceme vyhnúť Božiemu trestu, ako je to zaznamenané v Rim 12, 2, nesmieme sa prispôsobiť svetu, ktorý je plný všetkých druhov korupcie a hriechu. Mali by sme obnoviť naše srdcia a premeniť sa, aby sme mohli dešifrovať, čo je dobrou, potešujúcou a dokonalou vôľou Boha, a podľa toho konať. Ako Pavol vyznal: „Každý deň zomieram," musíme sa podrobiť Kristovi a žiť podľa Božieho Slova. Týmto spôsobom musí naša duša prosperovať, aby sme mali vždy dobré myšlienky a mohli konať v dobrote. Potom sa nám bude dariť vo všetkých oblastiach nášho života a budeme zdraví, a nakoniec sa budeme tešiť z večného požehnania v nebi.

Kapitola 13

Nestojte proti jeho vôli

„Korach, syn Jishára, syna Koháta, syna Léviho, si pribral Datána a Abiráma, synov Eliába, ako aj Óna, syna Peleta, Rúbenovcov. Tí spolu s dvestopäťdesiatimi Izraelitmi povstali proti Mojžišovi. Boli to vodcovia pospolitosti, zástupcovia v zhromaždení, muži zvučného mena. Zhromaždili sa proti Mojžišovi a Áronovi a vyčítali im: „Dovolili ste si príliš mnoho! Veď všetci v celej pospolitosti sú svätí a Pán je uprostred nich. Prečo sa vyvyšujete nad Pánovu pospolitosť?""
(Nm 16, 1 - 3)

„Len čo to dopovedal, roztvorila sa pod nimi pôda, zem otvorila svoje ústa a zhltla ich s príbytkami spolu so všetkými tými, čo boli pri Korachovi aj s ich majetkom. Zaživa zostúpili do podsvetia so všetkým, čo mali, a zem sa nad nimi zavrela; tak zmizli spomedzi zhromaždenia..."
(Nm 16, 31 - 35)

Ak budeme poslúchať Slovo, dodržiavať jeho ustanovenia a kráčať spravodlivo, dostaneme požehnanie vchádzania a vychádzania. Dostaneme požehnanie vo všetkých oblastiach nášho života. Naopak, ak neposlúchame, ale stojíme proti Božej vôli, potom na nás zostúpi trest. Preto by sme sa mali stať pravým Božím dieťaťom, ktoré ho miluje, poslúcha jeho vôľu a koná podľa jeho ustanovení.

Súd prichádza, keď stojíme proti Božej vôli

Kedysi žil človek so spravodlivým rozhorčením. On a niektorí z jeho kamarátov spojili svoje úmysly a plánovali veľkú revolúciu, aby pomohli svojej krajine. Keď sa priblížil deň revolúcie, úmysel kamarátov silnel. Ale zrada jedného z kamarátov spôsobila, že celý plán zachrániť ich krajinu úplne stroskotal. Aké smutné a tragické je, keď chyba jednej osoby zabráni tomu, aby sa splnil dobrý úmysel mnohých ľudí!

Chudobný muž a žena sa zosobášili. Mnoho rokov si obaja uťahovali opasky, aby niečo ušetrili. Nakoniec kúpili nejaký pozemok a začali viesť pohodlný život. Potom sa náhle manžel stal závislým na hazardných hrách a alkohole, a prehral všetok ich ťažko získaný majetok. Dokážete si predstaviť, aká zarmútená musela byť jeho manželka?

Už len vo vzťahoch medzi ľuďmi môžeme vidieť, aké tragédie sa vyskytnú, keď ľudia konajú v rozpore s vôľou toho druhého. Čo by sa stalo, keby sa človek rozhodol ísť proti vôli Boha,

Stvoriteľa vesmíru? V Nm 16, 1 – 3 sa dočítame, že došlo k incidentu, kde Korah, Datán a On spolu s 250 renomovanými vodcami pospolitosti povstali proti Božej vôli. Mojžiš bol ich vodcom, ktorého pre nich vybral Boh. Spolu s Mojžišom mali byť synmi Izraela jednej mysle, aby prekonali ťažký život na púšti a vstúpili do Kanaánskej krajiny. Ale došlo k tejto bolestivej udalosti.

V dôsledku toho boli Korah, Datán a On spolu s ich rodinami pochovaní zaživa, keď sa pod nimi otvorila zem a pohltila ich. Tých 250 vodcov pospolitosti bolo tiež zničených Pánovým ohňom. Prečo sa to stalo? Postaviť sa proti vodcovi, ktorého si Boh vybral, je rovnaké, ako postaviť sa proti Bohu.

Aj v našom každodennom živote sa často vyskytujú prípady, keď ideme proti Bohu. Napriek tomu, že Duch Svätý nalieha na naše srdcia, ak sa jeho vôľa nezhoduje s našimi myšlienkami a túžbami, jednoducho ideme proti nemu. Čím viac konáme podľa našich vlastných myšlienok, tým viac ideme proti Božej vôli. Časom nebudeme môcť počuť hlas Ducha Svätého. Pretože konáme podľa vlastnej vôle, narážame na ťažkosti a prekážky.

Ľudia, ktorí sa postavili proti Božej vôli

V Nm 12 je scéna, kde Mojžišov brat Áron a jeho sestra Miriam hovorili proti Mojžišovi, pretože sa oženil s Kušijkou. Obviňovali ho a hovorili: „Hovoril azda Pán len prostredníctvom Mojžiša? Či nehovorí aj prostredníctvom nás?" (v 2). Boží hnev ihneď padol na Árona a Miriam a Miriam postihlo malomocenstvo.

Boh ich potom pokarhal a povedal: „Ak je medzi vami prorok, ja, Pán, dám sa mu poznať vo videní, budem sa s ním zhovárať vo sne. S mojím služobníkom Mojžišom to tak nie je. On je dôverníkom v celom mojom dome. S ním sa zhováram zoči-voči, vo videní, nie v hádankách. On smie zazrieť Pánovu podobu. Prečo ste sa teda odvážili hovoriť proti môjmu služobníkovi Mojžišovi?" (v 6 - 8)

Teraz sa pozrieme na to, čo znamená ísť proti Božej vôli, pohľadom na niektoré príklady z Biblie.

1) Izraeliti uctievali modly

Počas exodusu synovia Izraela videli na vlastné oči desať rán, ktoré postihli Egypt a rozdelenie Červeného mora priamo pred nimi. Zažili toľko rôznych druhov znamení a zázrakov, že museli vedieť, že Boh je živým Bohom. Ale čo urobili, keď sa Mojžiš 40 dní postil na vrchu, aby prijal Desatoro prikázaní od Boha? Zliali zlaté teľa a uctievali ho. Boh si vybral Izrael za vyvolený ľud a učil ich, aby neuctievali modly. Ale konali proti Božej vôli, a v dôsledku toho asi tritisíc z nich zomrelo (Ex 32).

A v 1 Krn 5, 25 - 26 je zaznamenané: „Spreneverili sa však Bohu svojich otcov a dopúšťali sa smilstva s božstvami národov zeme, ktoré Boh pred nimi vyhladil. Boh Izraela prebudil ducha asýrskeho kráľa Púla, inak Tiglat-Pilesera, ktorý odvliekol do zajatia Rúbenovcov, Gádovcov i východnú časť kmeňa Menašše a priviedol ich do Chalachu, Chabóru, Hary a k rieke Gozán, kde sú dodnes." Pretože Izraeliti sa dopustili smilstva a klaňali sa bohom Kanaánskej krajiny, Boh ovplyvnil srdce asýrskeho kráľa, aby napadol Izrael a mnohých z nich odvliekol do zajatia. Skutok Izraelitov postaviť sa proti Bohu spôsobil túto katastrofu.

Dôvodom zničenia severného Izraelského kráľovstva Asýriou a južného Judského kráľovstva Babylonom bolo tiež modloslužobníctvo.

V dnešnej dobe je to ako uctievanie modiel zo zlata, striebra, bronzu, atď. Je to rovnaké aj v prípade ľudí, ktorí kladú uvarenú hlavu prasaťa na stôl a klaňajú sa duchom svojich zosnulých predkov. Aká hanebná je scéna, keď sa ľudia, ako najvyšší zo všetkých stvorení, klaňajú mŕtvemu prasaťu a prosia o požehnanie!

V Ex 20, 4 - 5 Boh dáva prikázanie a hovorí: „Neurobíš si modlu ani nijakú podobu toho, čo je hore na nebi, dolu na zemi alebo vo vode pod zemou! Nebudeš sa im klaňať ani im slúžiť."

Tiež jasne spomenul prekliatia, ktoré postihnú ľudí, ak berú jeho prikázania na ľahkú váhu a podľa nich nekonajú. Zároveň oznámil, aké požehnania dostanú, ak si prikázania vryjú do ich sŕdc a zachovávajú ich. Povedal: „Lebo ja som Pán, tvoj Boh, Boh žiarlivý, ktorý trestá viny otcov na synoch do tretieho i štvrtého pokolenia tých, čo ma nenávidia, ale milosť preukazujem tisícom tých, čo ma milujú a zachovávajú moje prikázania."

To je dôvod toho, keď sa pozeráme okolo nás, môžeme vidieť, že rodiny s históriou modloslužobníctva trpia mnohými rôznymi druhmi utrpenia. Jedného dňa sa členka cirkvi, ktorá sa poklonila modle, ocitla v ťažkostiach. Jej ústa, ktoré boli kedysi normálne, boli zrazu skrútené a zdeformované do takej miery, že nemohla ani poriadne rozprávať. Keď som sa jej spýtal, čo sa stalo, povedala mi, že počas sviatkov navštívila svoju rodinu, a pretože nedokázala prekonať nátlak pokloniť sa pred obetou pre jej predkov, podľahla a poklonila. Nasledujúci deň sa jej ústa skrútili do jednej strany. Našťastie, konala úplné pokánie pred Bohom a dostala modlitbu. Ústa sa jej uzdravili a vrátili do pôvodného stavu. Boh ju priviedol na cestu spásy tým, že jej dal lekciu, aby si dôkladne uvedomila, že modloslužba je cesta smrti.

2) Faraón odmietol prepustiť Izraelitov

V Ex 7 – 12 sa synovia Izraela, ktorí boli otrokmi v Egypte, pokúšali opustiť Egypt pod vedením Mojžiša. Ale faraón ich nechcel prepustiť, a preto faraóna aj Egypt postihlo veľké nešťastie. Boh Stvoriteľ je vládcom života a smrti ľudstva, preto nikto nemôže ísť proti jeho vôli. Božou vôľou bol exodus Izraelitov. Ale faraón, ktorého srdce bolo zatvrdené, bránilo Božej vôli.

Preto Boh zoslal na Egypt desať rán. Vtedy sa začal celý národ oddeľovať. Nakoniec, faraón neochotne nechal synov Izraela odísť, ale v srdci mal odpor. Potom si to rozmyslel a poslal za nimi armádu, ktorá ich nasledovala dokonca až do Červeného mora, ktoré bolo rozdelené. Nakoniec, celá egyptská armáda, ktorá ich prenasledovala, utopila sa v Červenom mori. Faraón stál proti Božej vôli až do trpkého konca, preto bol potrestaný. Boh mu mnohokrát ukázal, že je živým Bohom, preto si mal faraón uvedomiť, že Boh je jediný pravý Boh. Mal poslúchnuť jeho vôľu. Dokonca aj podľa ľudských štandardov bolo správne nechať Izraelitov odísť.

Je nesprávne, aby si jeden národ podrobil celú ďalšiu rasu ako otrokov. Navyše, Egypt sa mohol vyhnúť veľkému hladomoru vďaka Jozefovi, Jákobovmu synovi. Napriek tomu, že uplynulo 400 rokov, bolo historickou pravdou, že Egypt bol Izraelu dlžný za to, že ho zachránil ako národ. Ale namiesto toho, aby Egypt Izraelu oplatil milosť, ktorú dostal, zatlačil ich do otroctva. Aké to bolo zlé! Faraón, ktorý mal absolútnu moc, bol pyšným človekom plným chamtivosti. Preto až do samého konca bojoval proti Bohu, a nakoniec bol potrestaný.

Aj v dnešnej spoločnosti existujú takí ľudia a Biblia varuje, že ich čaká trest. Smrť čaká tých, ktorí odmietajú veriť v Boha v dôsledku ich vlastného poznania a pýchy a takých, ktorí sa pochabo pýtajú: „Kde je Boh?"

Aj keď vyznávajú, že veria v Boha, ak ignorujú Božie príkazy vlastnými rozmarmi a tvrdohlavosťou, ak majú nepriateľstvo alebo nezhody s ostatnými, alebo ak sú vodcom v cirkvi a tvrdia, že tvrdo pracujú pre Božie kráľovstvo, no napriek tomu kvôli ich žiarlivosti alebo chamtivosti rozrušujú a znepokojujú tých, ktorí sú okolo nich, nijako sa od faraóna nelíšia.

Keď vieme, že Božou vôľou je, aby sme žili vo svetle, a budeme aj naďalej žiť v tme, zažijeme rovnaké druhy utrpenia ako neveriaci. Je to preto, že Boh neustále varuje ľudí, ale oni nepočúvajú a idú do sveta proti Božej vôli.

Naopak, keď človek žije spravodlivo, jeho srdce sa stáva čistým, a pretože jeho srdce začína pripomínať Božie srdce, nepriateľ diabol odchádza. Bez ohľadu na to, aké vážne ochorenie človek má, bez ohľadu na to, aké druhy skúšok a ťažkostí zažíva, ak bude pred Bohom pokračovať v spravodlivosti, stane sa silným a zdravým a všetky skúšky a utrpenia pominú. Ak je dom špinavý, objavia sa v ňom šváby, myši a všetky druhy špinavých škodcov. Ale ak je dom vyčistený a dezinfikovaný, škodcovia už v ňom nemôžu žiť a prirodzene sa vytratia. Toto je rovnaké.

Keď Boh preklial hada, ktorý pokúšal človeka, povedal, že sa bude „plaziť po bruchu, hltať prach po všetky dni svojho života" (Gn 3, 14). To neznamená, že had bude jesť špinu, ktorá je na zemi. Duchovným významom je to, že Boh hovoril nepriateľovi diablovi, ktorý podnecoval hada, aby jedol telo človeka, ktorý bol stvorený z prachu. Duchovne je „telo" niečo, čo sa mení a hynie. Označuje nepravdu, ktorá je cestou k smrti.

Preto nepriateľ diabol prináša pokušenia, súženia a utrpenia na telesných ľudí, ktorí v nepravde páchajú hriechy, a nakoniec ich vedie na cestu smrti. Nepriateľ sa však nemôže priblížiť k svätým ľuďom, ktorí sú bez hriechov a žijú podľa Božieho Slova.

Preto, ak budeme žiť v spravodlivosti, potom nás prirodzene opustia choroby, skúšky a trápenia.

V Joz 2 je človek, ktorý bol na rozdiel od faraóna pohanom, ale pomohol naplniť Božiu vôľu, a ako výsledok dostal požehnanie. Týmto človekom bola žena menom Ráhab, ktorá žila v Jerichu v čase exodusu. Izraeliti práve prešli cez rieku Jordán po ich odchode z Egypta a 40-ročnom putovaní v divočine. Postavili si tábor a boli pripravení každú chvíľu napadnúť Jericho.

Ráhab nebola Izraelitkou, ale počula o nich z povestí. Napadlo jej, že Boh, ktorý ovládal celý vesmír, bol s Izraelitmi. Tiež vedela, že tento Boh nebol druhom boha, ktorý by usmrcoval bezohľadne alebo bezdôvodne. Pretože Ráhab vedela, že Pán Boh je Bohom spravodlivosti, ochránila vyzvedačov Izraela tým, že ich ukryla. Pretože Ráhab poznala Božiu vôľu a pomohla naplniť jeho vôľu, ona a celá jej rodina boli zachránení, keď bolo Jericho zničené. Aj my musíme vykonávať Božiu vôľu, aby sme viedli duchovný život, kedy môžeme získať riešenie na rôzne problémy a dostať odpovede na naše modlitby.

3) Kňaz Eli a jeho synovia sa vzdialili od Božieho poriadku

V 1 Sam 2 vidíme, že synovia kňaza Eliho boli bezbožní ľudia, ktorí sa dotýkali jedla, ktoré bolo odložené na obetu Bohu, a dokonca smilnili aj so ženami, ktoré slúžili pri vchode do stanu stretávania. Avšak, ich otec, kňaz Eli, ich iba pokarhal slovami a nepodnikol žiadne kroky pre to, aby skoncoval so zlom, ktoré konali. Nakoniec boli jeho synovia zabití vo vojne proti Filištíncom, a keď sa kňaz Eli dopočul túto správu, spadol zo stoličky, zlomil si krk a zomrel. Eli zomrel týmto spôsobom kvôli jeho hriechu, že neučil svojich synov správne.

To isté platí aj dnes. Ak vidíme ľudí okolo nás, ktorí páchajú telesné cudzoložstvo, alebo ktorí sa vzdiaľujú od Božieho poriadku, a iba ich prijímame bez toho, aby sme ich náležite poučili, čo je správne, a čo nie, potom sa nijako nelíšime od kňaza Eliho. Musíme sa pozrieť do seba a zistiť, či nie sme v žiadnom prípade ako Eli a jeho synovia.

To isté platí pre osobné používanie desiatkov a darov, ktoré boli vyhradené pre Boha. Keď nedávame celé desiatky a dary, je to ako kradnutie od Boha, a preto našu rodinu alebo národ postihne prekliatie (Mal 3, 8 - 9). Navyše, aj to, čo bolo vyhradené na obety Bohu, by sa nemalo vymeniť za nič iné. Ak ste sa už v srdci rozhodli priniesť Bohu obetu, musíte to vykonať. A ak to chcete vymeniť za niečo lepšie, musíte priniesť obidva dary, prvý aj druhý dar.

Tiež nie je správne, aby vodca stretnutia alebo pokladník skupiny v cirkvi použili zhromaždené členské poplatky podľa vlastného uváženia. Použitie prostriedkov cirkvi na účel iný od zamýšľaného, alebo použitie peňazí vyčlenených na konkrétnu udalosť na iný účel, patrí do kategórie „krádeže od Boha". Okrem toho, klásť ruku na Božiu pokladnicu je kradnutie ako v prípade Judáša Iškariotského. Ak niekto ukradne Božie peniaze, spácha hriech väčší ako hriechy Eliho synov a nebude mu odpustené.

Ak sa niekto dopustil tohto hriechu, pretože o tom nevedel, musí úplne vyznať svoje hriechy a konať pokánie, a nikdy nesmie znova spáchať tento hriech. Ľudia sú prekliati kvôli týmto druhom hriechov. Do ich života prichádzajú tragické udalosti, nehody a choroby a nemôžu získať vieru.

4) Mladí chlapci, ktorí sa posmievali Elizeovi a iné podobné prípady

Elizeus bol mocný Boží služobník, ktorý komunikoval s Bohom a bol ním potvrdený. Ale v 2 Kr 2 nájdeme scénu, v ktorej za Elizeom kráčala skupina mladých chlapcov a posmievali sa mu. Boli takí zlí, že ho nasledovali po celom meste a kričali: „Hore sa, plešivec; hore sa, plešivec!" Nakoniec to Elizeus už nemohol vydržať, v mene Pána ich preklial a z lesa vybehli dve medvedice a 42 z nich roztrhali. Keďže Biblia zaznamenáva, že 42 z nich zomrelo, môžeme pochopiť, že celkový počet detí, ktoré trápili Elizea, bol v skutočnosti omnoho väčší.

Prekliatia a požehnania, ktoré prichádzajú od Bohom potvrdeného služobníka, sa uskutočňujú presne tak, ako ním boli vyslovené. Predovšetkým, ak sa vysmievate Božiemu človeku, zosmiešňujete ho alebo o ňom klebetíte, je to ako ohováranie a výsmech Boha. Preto je to rovnaké, ako ísť proti Božej vôli.

A čo sa stalo so Židmi, ktorí pribili Ježiša na kríž a kričali, aby jeho krv išla na nich a na ich deti? Jeruzalem bol v 70 AD úplne zničený rímskym generálom Títom a jeho armádou. Počet

Židov zabitých v tom čase bol 1,1 milióna. Potom boli Židia rozptýlení po celom svete a čelili rôznym druhom poníženia a prenasledovania. Potom bolo opäť šesť miliónov zabitých rukami nacistov. Ako môžete vidieť, výsledok postavenia sa a kráčania proti Božej vôli prináša obrovské následky.

Elizeov sluha Gehazi bol v podobnej situácii. Ako Eliášov učeník dostal odpoveď ohňom, Elizeus dostal dvojnásobný diel ducha jeho učiteľa. A teda, už len možnosť slúžiť takému pánovi ako Elizeus bola veľkým požehnaním. Gehazi bol svedkom mnohých zázrakov, ktoré Elizeus uskutočnil. Ak by poslúchol Elizeove slová a prijal jeho učenie, pravdepodobne by dostal aj veľkú moc a požehnanie. Bohužiaľ, Gehazi to nedokázal urobiť.

Raz Elizeus Božou mocou uzdravil generála aramejskej armády, Naámana, ktorý trpel malomocenstvom. Naáman bol taký šťastný, že chcel dať Elizeovi veľký dar. Elizeus to však jasne odmietol. Urobil to preto, lebo nedostať dar bolo v Božích očiach oslávenejšie.

Ale Gehazi nechápal vôľu jeho pána a zaslepený materializmom išiel za generálom Naámanom, klamal mu a prijal jeho dary. Vrátil sa spolu s darmi a ukryl ich. Elizeus už vedel, čo sa stalo, a tak dal Gehazimu šancu na pokánie, ale on vyvrátil obvinenie a nekonal pokánie. V dôsledku toho na Gehaziho prešlo Naámanovo malomocenstvo. Nebolo to len konanie proti Elizeovej vôli, ale konanie proti Božej vôli.

5) Klamať Duchu Svätému

Sk 5 je incident, v ktorom jeden pár, Ananiáš a Zafíra, klamali Petrovi. Ako členovia ranej cirkvi sa rozhodli predať svoj majetok a ponúknuť peniaze Bohu. Keď však dostali peniaze do rúk, premohla ich chamtivosť. A tak dali len časť peňazí a klamali a povedali, že to boli všetky peniaze. Obaja zomreli v dôsledku tohto skutku. Bolo to preto, lebo neklamali len človeku, ale klamali Bohu a Duchu Svätému. Skúšali Pánovho Ducha.

Pozreli sme sa na niekoľko príkladov, ale okrem nich existuje veľa ďalších prípadov, keď ľudia idú proti Božej vôli. Boží zákon neexistuje preto, aby nás potrestal, ale preto, aby nám pomohol pochopiť, čo sú hriechy, a viedol nás k spoliehaniu sa na moc Ježiša Krista, aby sme nad nimi zvíťazili, a nakoniec nás viedol k hojným Božím požehnaniam. Pozrime sa teda na všetky naše skutky, aby sme zistili, či niektoré z nich boli niekedy proti Božej vôli, a ak boli, mali by sme sa úplne obrátiť a konať len podľa Božej vôle.

Slovník

Pec a slama

„Pec" je uzavretá miestnosť, v ktorej sa vyrába teplo na ohrev budov, zničenie odpadu, tavenie alebo sprašovanie rúd, atď. V Biblii sa slovo „pec" používa na označenie Božích utrpení, trestov, pekla, atď. Danielovi traja kamaráti, Šadrach, Mešach a Abed-nego, odmietli sa pokloniť zlatému obrazu, ktorý nechal vyrobiť Nabuchodonozor, a preto boli hodení do ohnivej pece. Avšak, s Božou pomocou prežili bez akéhoľvek zranenia (Dan 3).

„Slama" je stonka mláteného obilia, ktorá sa používala ako lôžko a krmivo pre zvieratá, na strechy a na pletenie alebo splietanie, napríklad, košov. V Biblii sa „slama" symbolicky vzťahuje na niečo veľmi bezvýznamné a bezcenné.

Čo je namyslenosť?

Namyslenosť znamená nepovažovať ostatných za lepších ako sme my. Znamená to pozerať sa na iných ľudí povýšenecky a myslieť si: „som lepší ako oni". Jednou z najtypickejších podmienok, v ktorých sa takáto pýcha v človeku objaví, je, keď si človek myslí, že je milovaný a uznávaný vedúcim organizácie alebo skupiny, do ktorej patrí. Boh niekedy používa dávanie komplimentov na to, aby jednotlivec mohol zistiť, či má v sebe pýchu.

Jednou z najbežnejších foriem pýchy je súdenie a odsudzovanie ostatných. Musíme obzvlášť dbať na to, aby sme nemali duchovnú pýchu, ktorá spôsobuje, že budeme súdiť Božím Slovom, ktoré sa musí prísne použiť ako základ na úvahy o nás samých. Duchovná pýcha je veľmi nebezpečná forma zla, pretože nie je ľahké ju nájsť. Preto musíme venovať osobitnú pozornosť tomu, aby sme neboli duchovne namyslení.

Kapitola 14

„Takto vraví Pán zástupov"

„Pozri, prichádza deň, horiaci ako pec, keď sa všetci spupní a všetci svojvoľníci stanú strniskom. Prichádzajúci deň ich spáli — vraví Pán zástupov. Nenechá po nich ani koreň, ani vetvu. Vám však, ktorí sa bojíte môjho mena, vyjde slnko spravodlivosti a zdravie bude v jeho lúčoch, potom vyjdete a budete poskakovať ako teľce vypustené zo stajne. Pošliapete svojvoľníkov, lebo v ten deň, ktorý chystám, budú popolom pod vašimi nohami — vraví Pán zástupov."
(Mal 4, 1 - 3)

Boh súdi každý skutok; všetko, čo je skryté, či je to dobré alebo zlé (Kaz 12, 14). Keď sa pozrieme na históriu ľudstva, vidíme, že je to pravda. Pyšný človek hľadá vlastný zisk. Pozerá sa na ostatných povýšenecky a hromadí si zlo, aby získal veľké bohatstvo. Avšak, nakoniec ho čaká smrť. Naopak, pokorný človek, ktorý si Boha ctí, môže sa zdať byť pochabý alebo na začiatku čeliť ťažkostiam, ale nakoniec získava veľké požehnanie a úctu všetkých ľudí.

Boh odmieta pyšných

Porovnajme si dve ženy v Biblii, Vašti a Ester. Kráľovná Vašti bola kráľovnou kráľa Ahasvéra, kráľa Perzskej ríše. Jedného dňa kráľ Ahasvér organizoval hostinu a požiadal kráľovnú Vašti, aby išla na hostinu pred ním. Avšak, Vašti, ktorá bola na svoju pozíciu a pozoruhodnú krásu pyšná, odmietla kráľovu žiadosť. Kráľ, ktorý sa veľmi rozhneval, odstránil kráľovnú z jej pozície. V čom sa odlišovala situácia Ester, ktorá sa po Vašte dostala na pozíciu kráľovnej?

Ester, ktorá zaujala pozíciu kráľovnej, bola pôvodne židovskou zajatkyňou, ktorá bola do Babylonu privedená počas vlády kráľa Nabuchodonozora. Ester bola nielen krásna, ale bola aj múdra a pokorná. Raz jej ľudia prežívali veľké ťažkosti kvôli Amalekitovi menom Haman. Ester strávila tri dni v pôste a modlitbe, a potom s odhodlaním, že ak bude treba, zomrie, umyla sa, obliekla sa do svojho kráľovského rúcha a pokorne prišla pred kráľa. Pretože pred kráľom a všetkými ostatnými ľuďmi konala s veľkou pokorou, získala nielen lásku a dôveru kráľa, ale tiež dokázala splniť veľkú úlohu záchrany vlastného ľudu.

Ako je napísané v Jak 4, 6: „Boh sa pyšným protiví, ale pokorným dáva milosť," nesmieme sa stať pyšným človekom, ktorý je Bohom vyhnaný. A ako je napísané v Mal 4, 1: „Všetci spupní a všetci svojvoľníci stanú sa strniskom," v závislosti od toho, či človek používa vlastnú múdrosť, poznanie a moc pre dobro alebo zlo, výsledok sa bude drasticky odlišovať. Dobrým príkladom sú Dávid a Saul.

Keď sa Dávid stal kráľom, jeho prvé myšlienky boli umierené na Boha a nasledoval jeho vôľu. Dávid bol požehnaný Bohom, pretože sa k nemu pokorne modlil a hľadal múdrosť, aby vedel, ako posilniť národ a priniesť svojmu ľudu pokoj.

Saul však podľahol chamtivosti a obával sa, že stratí svoje miesto kráľa, a preto sa väčšinu času zbytočne snažil zabiť Dávida, ktorý získal lásku od Boha a od ľudu. Pretože bol pyšný, nevenoval pozornosť pokarhaniu proroka. Nakoniec bol Bohom odmietnutý a zomrel biednou smrťou uprostred bitky.

A preto jasným pochopením, ako Pán Boh súdi pyšných, mali by sme úplne odhodiť pýchu. Ak sa zbavíme pýchy a budeme pokorní, Boh bude nami potešený a bude s nami prebývať prostredníctvom odpovedí na naše modlitby. Prís 16, 5 hovorí: „Pánovi sa protiví každý namyslenec zaručene ho trest neminie" (KJV). Boh natoľko nenávidí pyšné srdce, že ktokoľvek, kto si podáva ruky s pyšným človekom, bude spolu s ním potrestaný. Zlí ľudia majú tendenciu spájať sa so zlými ľuďmi a dobrí ľudia majú tendenciu spájať sa s dobrými ľuďmi. Toto podávanie rúk tiež pochádza z pýchy.

Pýcha kráľa Ezechiáša

Pozrime sa bližšie na to, ako veľmi Boh nenávidí pýchu. Medzi izraelskými kráľmi boli mnohí, ktorí najprv začali ich vládu milovaním Boha a poslúchaním jeho vôle, ale časom sa stali pyšnými, išli proti Božej vôli a neposlúchali ho. Jedným z týchto kráľov bol kráľ Ezechiáš, 13. kráľ južného Judského kráľovstva. Kráľ Ezechiáš, ktorý sa stal kráľom po jeho otcovi Achazovi, bol Bohom milovaný, pretože bol úprimný ako Dávid. Odstránil oltáre a výšiny a zničil posvätné stĺpy v národe. Úplne vyčistil národ od všetkých modiel, ktoré Boh nenávidí, ako Ašérove stĺpy, ktoré nechal zničiť (2 Krn 29, 3 - 30, 27).

Ale keď národ začal zažívať politické ťažkosti v dôsledku chýb predchádzajúceho kráľa, ktorý bol neporiadny a nespravodlivý, namiesto toho, aby sa spoliehal na Boha a dôveroval mu, kráľ Ezechiáš hľadal spojenectvo s blízkymi krajinami, ako sú Egypt, Filištínci, Sidón, Moáb a Ammón. Izaiáš niekoľkokrát kráľa Ezechiáša pokarhal, že spáchal bezohľadný skutok, ktorý bol proti vôli Pána.

Kráľ Ezechiáš bol plný pýchy a neposlúchol Izaiášove varovania. Nakoniec, Boh opustil Judsko a asýrsky kráľ Sennacherib Judsko napadol a porazil ho. Kráľ Sennacherib dobyl Judsko a zajal 200 000 ľudí. A keď kráľ Sennacherib žiadal, aby kráľ Ezechiáš zaplatil obrovské odškodné, Ezechiáš splnil tieto požiadavky tým, že zobral z chrámu a paláca drahocenné ozdoby a vyprázdnil národnú pokladnicu. Chrámových ozdôb sa nikto nesmel dotknúť. Ale pretože Ezechiáš rozdával tieto posvätné ozdoby podľa vlastného uváženia a pre vlastné prežitie, Bohu nezostávalo nič iné, len od neho odvrátiť jeho tvár.

Keď Sennacherib naďalej ohrozoval Ezechiáša aj po tom, čo dostal obrovské odškodné, Ezechiáš si nakoniec uvedomil, že jeho vlastnou mocou nemôže robiť nič, a preto prišiel pred Boha a modlil sa, konal pokánie a volal k nemu. V dôsledku toho sa Boh nad ním zmiloval a dovolil mu poraziť Asýriu. Môžeme zažiť rovnaké poučenie v našich rodinách, na pracovisku, v podnikaní a v našich vzťahoch s blízkymi a bratmi a sestrami. Pyšný človek nemôže dostať lásku; nieto ešte pomoc v čase problémov.

Pýcha veriacich

Démoni nemôžu vstúpiť do človeka, ktorý verí v Boha, pretože ho Boh chráni. Existujú však prípady, kedy démoni vstúpili do ľudí, ktorí tvrdili, že veria v Boha. Ako sa to môže stať? Boh je proti pýche. Preto, ak sa človek stane pyšným do tej miery, že Boh od neho odvráti jeho tvár, môžu do neho vstúpiť démoni. Ak sa človek stane duchovne pyšným, satan môže spôsobiť, že ho posadnú démoni, ovládajú ho a spôsobia, že sa dopustí zlých skutkov.

Aj keď k posadnutiu nedôjde, ak sa veriaci stane duchovne pyšným, môže uraziť pravdu, a v dôsledku toho sa strachovať. Keďže neposlúcha Božie Slovo, Boh nie je s ním a vo všetkom sa mu nedarí. Ako je napísané v Prís 16, 18: „Skazu predchádza pýcha a pád predchádza namyslený duch," pýcha nie je v žiadnom prípade prospešná. V skutočnosti prináša len bolesť a utrpenie. Musíme pochopiť, že duchovná pýcha je absolútnym parazitom a musí byť úplne zničená.

Ako môžu veriaci zistiť, či sú pyšní? Pyšný človek si myslí, že má pravdu, preto kritiku ostatných ľudí neberie veľmi dobre. Nekonať podľa Božieho Slova je tiež pýchou, pretože to ukazuje, že človek nectí Boha. Keď Dávid porušil Božie prikázanie a zhrešil, Boh ho dôrazne pokarhal a povedal mu: „Si ma znevážil" (2 Sam 12, 10). A preto nemodliť sa, nemilovať, neposlúchať a nevidieť vo vlastnom oku brvno, ale poukazovať na smietku v oku niekoho iného, sú príklady pýchy.

Pozerať sa na ostatných povýšenecky, súdiť a odsudzovať podľa našich vlastných noriem, vychvaľovať sa, chcieť sa ukázať, sú všetky druhmi pýchy. Snažiť sa pri každej príležitosti zapojiť do diskusií a slovných hádok sú tiež druhmi pýchy. Ak ste pyšní, túžite po tom, aby vám iní slúžili a chcete sa dostať na vrchol. A na ceste za vlastným ziskom a stať sa slávnym si začnete hromadiť zlo.

Z tohto druhu pýchy musíte konať pokánie a stať sa pokorným človekom, aby ste sa mohli tešiť z prosperujúceho a radostného života. Preto Ježiš povedal: „Amen, hovorím vám, že ak sa neobrátite a nebudete ako deti, nikdy nevojdete do nebeského kráľovstva" (Mt 18, 3). Ak sa človek stane v srdci pyšným a myslí si, že má vždy pravdu, neustále sa pokúša brániť svoju sebaúctu a spolieha sa na vlastné myšlienky, potom nemôže prijať Božie Slovo také, aké je a podľa neho konať, preto nemusí byť schopný ani získať spásu.

Pýcha falošných prorokov

Ak sa pozriete do Starého zákona, nájdete tam časy, keď sa králi pýtali prorokov na budúce udalosti a konali podľa ich rád. Kráľ Acháb bol siedmym kráľom severného Izraelského kráľovstva a v čase jeho smrti na domácom trhu prevládalo uctievanie Baála a na zahraničnom trhu bola v plnom prúde vojna s Aramom. To sa stalo v dôsledku toho, že Acháb odmietol prijať varovanie proroka Micheáša, a namiesto toho veril slovám falošných prorokov.

V 1 Kr 22 sa kráľ Acháb opýtal kráľa Jozafata z Judska, aby sa s ním spojil v znovuzískaní Rámot-gileádu z rúk kráľa Arama. V tom čase kráľ Jozafat, ktorý miloval Boha, navrhol, aby sa najprv o tom porozprávali s prorokom a zistili Božiu vôľu pred tým, ako urobia akékoľvek rozhodnutie. Potom kráľ Acháb zvolal zhruba štyristo falošných prorokov, ktorí ho vždy chválili, a požiadal ich o radu. Jednomyseľne predpovedali víťazstvo Izraela.

Avšak, pravý prorok Micheáš prorokoval, že to bude prehra. Nakoniec bolo Micheášovo proroctvo ignorované a obaja králi sa spojili a išli do vojny proti Aramovi. Aký bol výsledok? Vojna skončila bez víťazstva na oboch stranách. A kráľ Acháb, ktorý sa dostal do úzkych, preobliekol sa za vojaka, aby sa z bojiska vytratil, ale bol zastrelený náhodným šípom a zomrel na vykrvácanie. Toto bol dôsledok toho, že Acháb prijal proroctvo falošných prorokov a neposlúchol proroka Micheáša, pravého proroka. Falošní proroci a falošní učitelia budú Bohom potrestaní. Budú hodení do pekla - do jazera síry, ktoré je sedemkrát horúcejšie ako ohnivé jazero (Zjv 21, 8).

Pravý prorok, s ktorým Boh zostáva, má pred Bohom pravé srdce, a preto je schopný povedať správne proroctvo. Falošní proroci, tí, ktorí majú len titul alebo pozíciu, budú hovoriť vlastné myšlienky, ako keby to boli proroctvá a viesť národ k zničeniu alebo zvedú ich ľudí z cesty. Či už ide o inštitúciu rodiny, krajiny alebo cirkvi, ak počúvame slová dobrej a pravdivej osoby, zažijeme pokoj, pretože nasledujeme dobrotu. Ale ak budeme nasledovať cestu zlého človeka, zažijeme utrpenie a smrť.

Trest pre ľudí, ktorí konajú v pýche a zlobe

1 Tim 6, 3 - 5 hovorí: „Ak niekto učí inak a nepridržiava sa zdravých slov nášho Pána Ježiša Krista ani učenia pravej zbožnosti, je namyslený, ničomu nerozumie a chorobne rád sa škriepi a háda. Z toho vzniká závisť, svár, rúhania, zlomyseľné upodozrievania, vzájomné nezhody ľudí, ktorí majú zvrátenú myseľ. Sú to ľudia, ktorým chýba pravda a domnievajú sa, že zbožnosť je prostriedok obohatenia."

Božie Slovo obsahuje všetku dobrotu; preto nie je potrebná žiadna iná doktrína. Pretože Boh je dokonalý a dobrý, iba jeho učenie je pravdivé. Avšak, domýšľajúci ľudia, ktorí nepoznajú pravdu, hovoria o rôznych doktrínach, čo sa stáva ich argumentom a vychvaľujú sa. Ak sa radi „škriepime", tvrdíme, že iba my máme pravdu. Ak sa „hádame", znamená to, že zvyšujeme hlasy a argumentujeme slovami. Ak v sebe máme „závisť", znamená to, že chceme niekomu uškodiť, ak dostane viac lásky ako my. Ak sa zapájame do rozdelenia medzi ľuďmi, spôsobujeme „svár". Ak sa týmto spôsobom staneme namyslení, naše srdcia budú ušpinené a budeme konať skutky tela, ktoré Boh nenávidí.

Preto, ak pyšný človek nekoná pokánie a neodvráti sa od jeho ciest, Boh odvráti od neho jeho tvár a bude potrestaný. Bez ohľadu na to, ako veľmi volá: „Pane, Pane," a vyznáva vieru v Boha, ak nebude konať pokánie a bude pokračovať v konaní zla, v deň posledného súdu bude hodený do pekelného ohňa spolu s ostatnými plevami.

Požehnanie spravodlivých, ktorí sa boja Boha

Človek, ktorý skutočne verí v Boha, zničí svoju pýchu a zlé skutky, aby sa stal spravodlivým človekom, ktorý sa bojí Boha. Čo znamená báť sa Pána Boha? Prís 8, 13 hovoria: „Mať bázeň pred Pánom znamená nenávidieť zlo. Neznášam pýchu, nadutosť, cestu zla a ústa, čo prekrúcajú." Ak nenávidíme zlo a odhodíme všetky formy zla, staneme sa ľudmi, ktorí konajú v Božích očiach spravodlivo.

Na takýchto ľudí Boh vylieva jeho hojnú lásku a dáva im spásu, odpovede na modlitby a požehnanie. Boh hovorí: „Vám však, ktorí sa bojíte môjho mena, vyjde slnko spravodlivosti a zdravie bude v jeho lúčoch, potom vyjdete a budete poskakovať ako teľce vypustené zo stajne. Pošliapete svojvoľníkov, lebo v ten deň, ktorý chystám, budú popolom pod vašimi nohami." (Mal 4, 2 - 3)

Tých, ktorí sa boja Boha a zachovávajú jeho príkazy, ako to platí pre každého človeka (Kaz 12, 13), Boh požehnáva bohatstvom, cťou a životom (Prís 22, 4). Preto dostávajú odpovede na modlitby, uzdravenie a požehnanie, aby mohli poskakovať ako teľce vypustené zo stajne a prežívať skutočnú radosť.

V Ex 15, 26 Boh hovorí: „Ak budeš naozaj poslúchať hlas Pána, svojho Boha, a budeš robiť to, čo je v jeho očiach správne, ak poslúchneš jeho príkazy a zachováš všetky jeho ustanovenia, nedopustím na teba nijakú chorobu, akú som dopustil na Egypťanov, lebo ja, Pán, som tvoj lekár." Takže bez ohľadu na to, aká choroba postihne človeka, ktorý sa bojí Boha, bude uzdravený a bude žiť zdravý život, a nakoniec vstúpi do neba a bude sa tešiť z večnej cti a slávy.

Preto sa musíme dôkladne preskúmať. A ak nájdeme v sebe nejaké podoby pýchy a zla, mali by sme konať pokánie a odvrátiť sa od tých zlých ciest. Nakoniec, staňme sa spravodlivými ľuďmi, ktorí sa boja Boha v pokore a službe.

Kapitola 15

Čo je hriech, spravodlivosť a súd

„Ja vám však hovorím pravdu: Pre vás je lepšie, keď odídem. Ak totiž neodídem, Tešiteľ k vám nepríde. Ak však odídem, pošlem ho k vám. No keď príde, ukáže svetu, čo je hriech, čo spravodlivosť a súd. Hriech je v tom, že neveria vo mňa, spravodlivosť v tom, že idem k Otcovi a viac ma už neuvidíte, a súd v tom, že knieža tohto sveta je už odsúdené."
(Jn 16, 7 - 11)

Ak veríme v Ježiša Krista a otvoríme si srdcia, aby sme ho prijali ako svojho Spasiteľa, Boh nám dáva Ducha Svätého ako dar. Duch Svätý nás vedie k tomu, aby sme sa znovu narodili a pomáha nám pochopiť Božie Slovo. Pracuje mnohými spôsobmi, napríklad, vedie nás k životu v pravde a k úplnej spáse. Preto sa musíme skrze Ducha Svätého dozvedieť, čo je hriech, a vedieť, ako rozoznať, čo je správne, a čo nie. Musíme sa tiež naučiť, ako konať v spravodlivosti, aby sme mohli vstúpiť do neba a vyhnúť sa trestu pekla.

Čo je hriech

Ježiš povedal svojim učeníkom o tom, ako bude musieť zomrieť pribitím na kríž a o trápeniach, ktorým budú museli učeníci čeliť. Zároveň ich povzbudil tým, že im povedal o príchode Ducha Svätého a o nádherných veciach, ktoré získajú v dôsledku jeho vzkriesenia a vystúpenia na nebesia. Ježišove vystúpenie na nebesia bolo nevyhnutným krokom pre zoslanie Ducha Svätého, Tešiteľa.

Ježiš povedal, že keď príde Duch Svätý, ukáže svetu, čo je hriech, spravodlivosť a súd. Čo potom znamená, že Duch Svätý „ukáže svetu, čo je hriech"? Ako je napísané v Jn 16, 9: „Hriech je v tom, že neveria vo mňa," neveriť v Ježiša Krista je hriech, a to znamená, že ľudia, ktorí neveria v neho, budú nakoniec čeliť súdu. Prečo je teda neviera v Ježiša Krista hriechom?

Boh lásky poslal jeho jednorodeného Syna, Ježiša Krista, na tento svet, aby otvoril cestu spásy pre ľudstvo, ktoré sa stalo otrokom hriechu v dôsledku Adamovej neposlušnosti. Ježišova smrť na kríži vykúpila ľudstvo zo všetkých hriechov, otvorila dvere spásy a On sa stal jediným Spasiteľom. A preto, ak neveríme v túto skutočnosť a vieme o tom, je to samo o sebe hriechom. A človek, ktorý neprijíma Ježiša Krista ako svojho Spasiteľa, nemôže získať odpustenie hriechov, a preto zostane hriešnikom.

Prečo Boh súdi hriech

Už len pohľadom na všetko stvorenie vidíme, že existuje Boh Stvoriteľ. Rim 1, 20 hovorí: „Lebo jeho neviditeľnú skutočnosť, jeho večnú moc a božstvo možno od stvorenia sveta poznávať uvažovaním zo stvorených vecí. A tak nemajú ospravedlnenie." To znamená, že nikto sa nemôže vyhovárať, že neveril, pretože Boha nepozná.

Dokonca, ani malé náramkové hodinky nemôžu len náhodne vzniknúť bez ľudského dizajnéra a výrobcu. Ako by potom mohol najkomplexnejší a najzložitejší vesmír vzniknúť len náhodou sám od seba? Už len pri pozorovaní vesmíru môže človek objaviť Božiu božskú a večnú moc.

A v dnešnej dobe sa Boh prejavuje tým, že uskutočňuje znamenia a zázraky prostredníctvom tých ľudí, ktorých miluje. Mnohí ľudia dnes pravdepodobne aspoň raz zažili evanjelizovanie niekým, kto verí v Boha, pretože On je živý. Niektorí ľudia mohli byť dokonca osobne svedkami zázraku alebo o nich počuli od svedkov. Ak ani po tom, čo sa človek o týchto znameniach a zázrakoch dozvie a vidí ich, neverí, pretože jeho srdce je zatvrdené, potom nakoniec pôjde cestou smrti. To je to, čo znamená, čo hovorí Písmo, že Duch Svätý „ukáže svetu, čo je hriech."

Dôvodom, prečo ľudia neprijímajú evanjelium, je zvyčajne to, že žijú život hriechu, a zároveň hľadajú vlastné výhody. Keď si ľudia myslia, že tento svet je všetko, nemôžu uveriť v nebesia a večný život. V Mt 3 Ján Krstiteľ volá k ľuďom, aby konali pokánie, lebo sa priblížilo nebeské kráľovstvo. Hovorí tiež: „Sekera je už položená na korene stromov. Každý strom, ktorý neprináša dobré ovocie, bude vyťatý a hodený do ohňa" (v 10) a „Má v ruke vejačku a prečistí namlátené zrno; pšenicu zhromaždí do sýpky, no plevy spáli v neuhasiteľnom ohni" (v 12).

Poľnohospodár seje, stará sa o semená a zberá ovocie. Potom berie obilie do sýpky a plevy vyhodí. Boh pracuje tým istým spôsobom. Boh kultivuje ľudstvo a vedie k večnému životu jeho pravé deti, ktoré žijú v pravde. Ak hľadajú svet a zostanú hriešnikmi, musí ich nechať tak, aby išli cestou smrti. Aby sme sa stali pšenicou a získali spásu, musíme byť spravodliví a s vierou nasledovať Ježiša Krista.

Čo je spravodlivosť

Ježiš prišiel na tento svet v Božej prozreteľnosti a zomrel na kríži, aby vyriešil problém hriechu človeka. Avšak, bol schopný prekonať smrť, vstať z mŕtvych a vystúpiť na nebesia, pretože v sebe nemal prvotný hriech, ani žiadne spáchané hriechy a žil v spravodlivosti. V Jn 16, 10 Ježiš povedal: „Spravodlivosť v tom, že idem k Otcovi a viac ma už neuvidíte." V týchto slovách je implicitný význam.

Pretože Ježiš nemal žiadny hriech, bol schopný splniť jeho poslanie pre vstup do tohto sveta - nemohol byť zviazaný smrťou a vstal z mŕtvych. Taktiež, ako prvé ovocie zmŕtvychvstania išiel pred Boha Otca, aby získal nebesia. To je to, čo On nazýva „spravodlivosťou". Preto, keď prijímame Ježiša Krista, dostávame dar Ducha Svätého a získavame moc stať sa Božími deťmi. Prostredníctvom prijatia Ježiša Krista prestávame byť deťmi diabla a znovu sa narodíme ako sväté Božie deti.

To je to, čo znamená získať spásu tým, že sme skrze vieru nazvaní „spravodlivými". Nie je to preto, že sme urobili niečo, čím sme si zaslúžili spásu. Spásu získavame iba prostredníctvom viery a neplatíme zaň žiadnu cenu. Preto by sme mali byť vždy vďační Bohu a žiť v spravodlivosti. Obraz Boha môžeme obnoviť, keď bojujeme proti hriechu až po krvipreliatie a odhodíme ho, aby sme napodobnili srdce nášho Pána.

Prečo Boh súdi spravodlivosť

Ak nežijeme v spravodlivosti, dokonca aj neveriaci sa nám posmievajú. Viera je úplná, keď po nej nasleduje skutok a viera bez skutkov je mŕtva viera (Jak 2, 17). Neveriaci súdia a odsudzujú z vlastného pohľadu a hovoria: „Hovoríš, že chodíš do kostola, a napriek tomu piješ a fajčíš? Ako môžeš páchať hriechy a nazývať sa nasledovníkom Krista?!" Preto, ak ste ako veriaci dostali dar Ducha Svätého, ale nežijete spravodlivý život, a preto ste potrestaní, to je to, čo Písmo nazýva „súdením spravodlivosti".

V tomto prípade Boh pokarhá jeho dieťa a potrestá ho skrze Ducha Svätého, aby už viac nežil život hriechu. Takže dôvod, prečo Boh dovoľuje niektoré druhy skúšok a ťažkostí na rodiny, pracoviská, podniky alebo ľudí, je ich primäť k tomu, aby žili ako spravodliví muži a ženy. Navyše, pretože nepriateľ diabol a satan voči nim vznášajú obvinenia, podľa duchovného zákona Boh musí skúšky dovoliť.

Zákonníci a farizeji boli presvedčení, že žijú v spravodlivosti, pretože si mysleli, že veľmi dobre poznali zákon a prísne ho dodržiavali. Ale Ježiš nám hovorí, že ak naša spravodlivosť nepresiahne spravodlivosť zákonníkov a farizeov, nevstúpime do nebeského kráľovstva (Mt 5, 20). Len volať: „Pane, Pane", neznamená, že máme spásu. Aby sme sa dostali do neba, musíme veriť v Pána z hĺbky našich sŕdc, odhodiť naše hriechy a žiť v spravodlivosti.

„Žiť v spravodlivosti" neznamená iba počúvať Božie Slovo a udržiavať ho v hlavách ako obyčajné poznanie. Znamená to stať sa spravodlivým človekom tým, že v jeho Slovo veríme v našich srdciach a podľa neho konáme. Predstavte si, aké by to bolo, keby bolo nebo plné podvodníkov, zlodejov, klamárov, cudzoložníkov, žiarlivých ľudí, atď. Boh nekultivuje ľudstvo preto, aby do neba išli plevy! Božím cieľom je do neba priviesť pšenicu – spravodlivých ľudí.

Čo je súd

Jn 16, 11 hovorí: „...súd v tom, že knieža tohto sveta je už odsúdené." Tu sa „knieža tohto sveta" vzťahuje na nepriateľa diabla a satana. Ježiš prišiel na tento svet kvôli hriechom ľudstva. Dokončil dielo spravodlivosti a nechal konečný rozsudok. Ale môžeme tiež povedať, že konečný rozsudok už bol urobený, pretože iba prostredníctvom viery v Ježiša Krista človek môže získať odpustenie hriechov a spásu.

Tí, ktorí neveria, nakoniec pôjdu do pekla, takže je to také, ako keby už dostali ich rozsudok. Preto Jn 3, 18 - 19 hovorí: „Kto verí v neho, nie je odsúdený. Kto neverí, už je odsúdený, pretože neuveril v meno jednorodeného Božieho Syna. Súd je v tom, že svetlo prišlo na svet, ale ľudia milovali väčšmi tmu než svetlo, lebo ich skutky boli zlé."

Čo potom môžeme urobiť, aby sme sa vyhli súdu? Boh nám

povedal, aby sme vytriezveli, konali spravodlivo a prestali páchať hriechy (1 Kor 15, 34). Tiež povedal, aby sme sa zdržiavali každej podoby zla (1 Tes 5, 22). Aby sme v Božích očiach konali spravodlivo, mali by sme sa určite zbaviť vonkajších hriechov, ale musíme tiež odhodiť aj to najmenšie zlo.

Ak nenávidíme zlo a zaviažeme sa žiť v dobrote, môžeme odhodiť hriechy. Môžete sa opýtať: „Je také ťažké odhodiť, čo i len jeden hriech; ako môžem odhodiť všetky moje hriechy?" Premýšľajte o tom takto. Ak sa pokúsite vytiahnuť korene stromu jeden po druhom, je to mimoriadne ťažké. Ale ak vytiahnete hlavný koreň, aj všetky ostatné menšie korene sa automaticky vykorenia. Rovnako, ak sa ako prvé zameriate na vykorenenie toho najťažšieho hriechu prostredníctvom pôstu a horlivej modlitby pri každej príležitosti, spolu s týmto jedným hriechom budete môcť odhodiť aj ostatné hriešne prirodzenosti.

V srdci človeka je žiadostivosť tela, žiadostivosť očí a vystatovačná pýcha života. Sú to podoby zla patriace medzi mnohé ďalšie podoby zla, ktoré pochádzajú od nepriateľa diabla. Preto človek nedokáže tieto hriechy odhodiť iba vlastnou silou. Preto Duch Svätý pomáha tým, ktorí sa snažia, aby sa posvätili a modlili sa. Pretože Boh je ich úsilím potešený, udelí im milosť a silu. Keď tieto štyri veci - milosť a sila od Boha, naše úsilie a pomoc Ducha Svätého - pracujú spoločne, potom sme s určitosťou schopní odhodiť naše hriechy.

Aby sa tento proces mohol stať, musíme najskôr odhodiť žiadostivosť očí. Ak je niečo nepravdivé, je pre nás najvhodnejšie to nevidieť, nepočuť, ani dokonca nebyť v toho blízkosti. Povedzme, že tínejdžer videl na videu alebo v televízii niečo obscénne. Potom prostredníctvom žiadostivosti očí bude v jeho srdci stimulovaná žiadostivosť tela. To spôsobí, že tínejdžer vymýšľa zlé plány, a keď sa tieto plány premenia na skutky, môžu sa vyskytnúť všetky druhy problémov. To je dôvod, prečo je pre nás všetkých dôležité odstrániť žiadostivosť očí.

Mt 5, 48 hovorí: „Vy teda buďte dokonalí, ako je dokonalý váš nebeský Otec." A v 1 Pt 1, 16 Boh hovorí: „Buďte svätí, lebo ja som svätý!" Niektorí ľudia sa pýtajú: „Ako sa človek môže stať dokonalým a svätým ako Boh?" Boh chce, aby sme boli svätí a dokonalí. A áno, nemôžeme to dosiahnuť vlastnou silou. Ale to je dôvod, prečo Ježiš vzal na seba kríž, a prečo nám pomáha Duch Svätý, Tešiteľ. Len preto, že niekto tvrdí, že prijal Ježiša Krista a volá k nemu: „Pane, Pane," neznamená to, že pôjde do neba. Musí odhodiť svoje hriechy a žiť spravodlivý život, aby sa vyhol súdu a vstúpil do neba.

Duch Svätý ukazuje svetu

Prečo teda prišiel Duch Svätý, aby ukázal svetu, čo je hriech, spravodlivosť a súd? Je to preto, že svet je plný zla. Keď niečo plánujeme, vieme, že existuje začiatok a koniec. Ak sa pozrieme na rôzne znamenia v dnešnom svete, môžeme vidieť, že koniec je blízko.

Boh Stvoriteľ dohliada na históriu ľudstva s jasným plánom týkajúcim sa začiatku a konca. Ak sa pozrieme na priebeh v Biblii, je tam jasné rozlíšenie medzi dobrom a zlom a jasné vysvetlenie, že hriech vedie k smrti a spravodlivosť vedie k večnému životu. Tých, ktorí veria v Boha, Boh požehná a zostáva s nimi. Ale tých, ktorí v neho neveria, nakoniec čaká súd a pôjdu cestou smrti. Boží súd už je dávno pripravený (2 Pt 2, 3).

Rovnako ako veľká potopa v Noemovej dobe a zničenie Sodomy a Gomory v čase Abraháma, keď zločin človeka dosiahne svoju hranicu, prichádza na neho Boží súd. Aby boli Izraeliti oslobodení z Egypta, Boh zoslal na Egypt desať rán. Toto bol súd faraóna pre jeho namyslenosť.

A pred približne dvetisíc rokmi, keď sa Pompeje stali veľmi skazené extrémnymi zvrátenosťami a dekadenciou, Boh ich zničil prírodnou katastrofou sopečnej erupcie. Ak dnes navštívite Pompeje, mesto, ktoré bolo pokryté vulkanickým popolom, je zachované v presne takom stave, ako vyzeralo v dobe, keď bolo zničené, a jediným pohľadom je možné vidieť skazenosť tej doby.

Aj v Novom zákone raz Ježiš pokarhal pokryteckých zákonníkov a farizeov, sedemkrát opakujúc slová: „Beda vám". Aby svet nečelil súdu a peklu, musí byť svet odsúdený a pokarhaný.

V Mt 24 sa učeníci pýtali Pána na znamenie jeho príchodu a konca sveta. Ježiš im podrobne vysvetlil, že nastane nevídané veľké súženie. Boh neotvorí dvere nebies a nevyleje vodu ani oheň, ako to urobil v minulosti, ale bude súdiť v súlade s dobou.

Kniha Zjavenie prorokuje, že sa objavia najmodernejšie zbrane a dôjde k veľkému zničeniu nepredstaviteľne rozsiahlou vojnou. Keď sa skončí Boží plán ľudskej kultivácie, nastane posledný súd. A keď príde tento deň, každý bude súdený, či bude žiť večne v pekle, alebo večne v nebi. Tak ako by sme teraz mali žiť?

Odhoďte svoj hriech a žite život spravodlivosti

Aby sme sa vyhli súdu, musíme odhodiť naše hriechy a žiť v spravodlivosti. A najdôležitejšie je to, že každý človek musí orať svoje srdce Božím Slovom, rovnako ako poľnohospodár, ktorý orie pole. Musíme orať kraj cesty, skalnatú pôdu a trnistú pôdu a premeniť ich na dobrú, úrodnú pôdu.

Ale niekedy premýšľame: „Prečo Boh necháva neveriacich na pokoji, a napriek tomu dovoľuje také ťažkosti na mňa, veriaceho?" Je to preto, že rovnako ako kytica kvetov bez koreňov vyzerá navonok krásne, v skutočnosti v nej nie je žiadny život, neveriaci sú už odsúdení a pôjdu do pekla, takže nemusia byť potrestaní.

Dôvod, prečo nás Boh trestá, je to, že sme jeho pravé deti, nie nemanželské deti. Preto by sme radšej mali byť vďační za jeho trestanie (Hebr 12, 7 - 13). Keď rodičia trestajú svoje deti, pretože ich milujú a chcú ich viesť správnou cestou, aj keď to znamená dostať výprask, pretože sme Božími deťmi, ak to je potrebné, Boh dovolí, aby sme čelili určitým ťažkostiam, aby nás viedol k spáse.

Kaz 12, 13 - 14 hovorí: „Slovo na záver všetkého, čo si počul: Boha sa boj a jeho prikázania zachovávaj, lebo toto je povinnosť každého človeka! Boh predvolá na súd každý čin, všetko, čo je skryté, či je to dobré, alebo zlé" (KJV). Žiť spravodlivo znamená plniť si v našich životoch celú povinnosť človeka. Keďže Božie Slovo nám hovorí modliť sa, mali by sme sa modliť. Pretože nám hovorí, aby sme zachovávali Pánov deň svätý, mali by sme ho svätiť. A keď nám hovorí, že nemáme súdiť, nemali by sme súdiť. Ak týmto spôsobom zachovávame jeho Slovo a podľa neho konáme, dostávame život a sme na ceste večného života.

Preto dúfam, že si všetky tieto posolstvá zapíšete do vašich sŕdc, aby ste sa stali pšenicou, ktorá prináša duchovnú lásku opísanú v 1 Kor 13, deväť ovocí Ducha Svätého (Gal 5, 22-23) a požehnania blahoslavenstiev (Mt 5, 3 - 12). V mene Pána sa modlím, aby ste týmto spôsobom získali nielen spásu, ale zároveň sa stali Božími deťmi, ktoré svietia ako slnko v nebeskom kráľovstve.

Autor
Dr. Jaerock Lee

Dr Jaerock Lee sa narodil v roku 1943 v Muane v Jeonnamskej provincii v Kórejskej republike. V jeho dvadsiatich rokoch sedem rokov trpel mnohými nevyliečiteľnými chorobami a bez nádeje na uzdravenie čakal na smrť. Jedného dňa na jar v roku 1974 ho sestra vzala do kostola, a keď pokľakol k modlitbe, živý Boh ho ihneď uzdravil zo všetkých chorôb.

Odkedy Dr Lee stretol živého Boha prostredníctvom tejto úžasnej skúsenosti, celým svojím srdcom úprimne miluje Boha. V roku 1978 bol povolaný, aby sa stal Božím služobníkom. Vrúcne sa modlil, aby mohol jasne pochopiť Božiu vôľu, úplne ju splniť a dodržiavať celé Božie slovo. V roku 1982 založil Manminskú centrálnu cirkev v Soule v Kórei. V jeho cirkvi sa uskutočňuje nespočetné množstvo Božích skutkov, vrátane zázračných uzdravení a zázrakov.

V roku 1986 bol Dr Lee vysvätený za pastora na výročnom zhromaždení Ježišovej Sungkyulskej cirkvi v Kórei a o štyri roky neskôr, v roku 1990, začali vysielať jeho kázne v Austrálii, v Rusku, na Filipínach a v mnohých ďalších krajinách prostredníctvom rozhlasových staníc Far East Broadcasting Company, Asia Broadcast Station a Washington Christian Radio System.

O tri roky neskôr, v roku 1993, bola Manminská centrálna cirkev vybraná americkým kresťanským časopisom Christian World za jednu z „50 najlepších svetových cirkví" a z univerzity Christian Faith College na Floride v USA dostal Dr. Lee čestný doktorát bohoslovia. V roku 1996 na teologickom seminári Kingsway Theological Seminary in Iowa v USA dosiahol PhD. v Bohoslužbe.

Od roku 1993 Dr Lee vedie svetovú evanjelizáciu prostredníctvom mnohých zahraničných misií do Tanzánie, Argentíny, Baltimore City, Los Angeles, na Hawaj, do New Yorku v USA, Ugandy, Japonska, Pakistanu, Kene, na Filipíny, Hondurasu, do Indie, Ruska, Nemecka, Peru, Demokratickej republiky Kongo, Izraela a do Estónska.

V roku 2002 bol hlavnými kresťanskými novinami Christian newspapers v Kórei nazvaný „celosvetovým pastorom" kvôli jeho práci na rôznych zámorských misiách. Zvlášť jeho misia do New Yorku v roku 2006, ktorá sa konala na námestí Madison Square Garden, najväčšej svetoznámej aréne, bola vysielaná 220 národom, a jeho misia do Izraela v roku 2009, ktorá sa konala v Medzinárodnom kongresovom centre (ICC) v Jeruzaleme, kedy smelo vyhlásil, že Ježiš Kristus je Mesiáš a Spasiteľ.

Jeho kázne sú vysielané do 176 krajín pomocou satelitov, vrátane GCN TV. V roku 2009 a 2010 bol populárnym ruským kresťanským časopisom In Victory a spravodajskou agentúrou Christian Telegraph zaradený medzi „desiatich najvplyvnejších kresťanských vodcov" pre jeho presvedčujúcu cirkevnú službu prostredníctvom televízneho vysielania a jeho cirkevné pôsobenie v zahraničí.

Od decembra 2016 má Manminská centrálna cirkev kongregáciu s viac ako 120 000 členmi. Má 11 000 filiálok po celom svete, vrátane 56 domácich filiálok a viac ako 102 misionárov bolo poslaných do 23 krajín, vrátane Spojených štátov amerických, Ruska, Nemecka, Kanady, Japonska, Číny, Francúzska, Indie, Kene a mnoho ďalších krajín.

K dátumu tohto uverejnenia je Dr. Lee autorom 105 kníh, vrátane bestsellerov Ochutnať večný život pred smrťou, Môj život Moja Viera I & II, Posolstvo kríža, Miera viery, Nebo I & II, Peklo, Prebuď sa, Izrael! a Božia moc. Jeho diela sú preložené do viac ako 76 jazykov.

Jeho kresťanský stĺpec je vydávaný v časopisoch The Hankook Ilbo, The JoongAng Daily, The Chosun Ilbo, The Dong-A Ilbo, The Munhwa Ilbo, The Seoul Shinmun, The Kyunghyang Shinmun, The Korea Economic Daily, The Korea Herald, The Shisa News a The Christian Press.

Dr Lee je v súčasnej dobe vedúcou osobnosťou mnohých misijných organizácií a združení: Pozície, ktoré zastáva sú: predseda spoločnosti The United Holiness Church of Jesus Christ; prezident spoločnosti Manmin World Mission; permanentný prezident spoločnosti The World Christianity Revival Mission Association; zakladateľ & predseda komisie spoločnosti Global Christian Network (GCN); zakladateľ & predseda komisie spoločnosti World Christian Doctors Network (WCDN); a zakladateľ & predseda komisie spoločnosti Manmin International Seminary (MIS).

Iné mocné knihy od tohoto autora

Nebo I & II

Detailný náčrt úžasného života, ktorý si vychutnávajú nebeskí obyvatelia a krásny opis rôznych úrovní nebeských kráľovstiev.

Môj Život, Moja Viera I & II

Najvoňavejšia duchovná aróma získaná zo života, ktorý kvitol neporovnateľnou láskou k Bohu, uprostred temných vĺn, studených okovov a najhlbšieho zúfalstva.

Ako Chutí Večný Život pred Smrťou

Svedecké memoáre Dr. Jaerocka Leeho, ktorý bol znovuzrodený a zachránený od údolia tieňov smrti, a ktorý viedol dokonalý príklad kresťanského života.

Miera Viery

Aký príbytok, koruna a odmeny sú pre vás pripravené v nebi? Táto kniha poskytuje múdrosť a vedenie pre zmeranie vašej viery a pre vypestovanie si najlepšej a najvyzretejšej viery.

Peklo

Úprimné posolstvo celému ľudstvu od Boha, ktorý si nežela, aby čo len jedna duša upadla do hlbín pekla! Objavíte krutú realitu nižšieho záhrobia a pekla tak, ako ešte nikdy nebola odhalená.

www.urimbooks.com

www.ingramcontent.com/pod-product-compliance
Lightning Source LLC
LaVergne TN
LVHW012013060526
838201LV00061B/4286